기독교문서선교회 (Christian Literature Center: 약칭 CLC)는 1941년 영국 콜체스터에서 켄 아담스에 의해 시작되었으며 국제 본부는 미국 필라델피아에 있습니다. 국제 CLC는 약 650여 명의 선교사들이 59개 나라에서 180개의 서점을 운영하며 이동 도서 차량 40대를 이용하여 문서 보급에 힘쓰고 있으며 이메일 주문을 통해 130여 국으로 책을 공급하고 있는 국제적 문서선교 기관입니다.

인간

Human Beings
Written by Ha Jongtae
All rights reserved.
Korean Edition Copyright ⓒ 2025 by Christian Literature Center, Seoul, Korea

인간

2025년 5월 26일 초판 발행

지 은 이 ｜ 하종태

편　　집 ｜ 이소현
디 자 인 ｜ 서민정
펴 낸 곳 ｜ (사)기독교문서선교회
등　　록 ｜ 제16-25호(1980. 1. 18.)
주　　소 ｜ 서울특별시 동대문구 천호대로71길 39
전　　화 ｜ 02-586-8761~3(본사) 031-942-8761(영업부)
팩　　스 ｜ 02-523-0131(본사) 031-942-8763(영업부)
이 메 일 ｜ clckor@gmail.com
홈페이지 ｜ www.clcbook.com
송금계좌 ｜ 기업은행 073-000308-04-020 (사)기독교문서선교회
일련번호 ｜ 2025-44

ISBN 978-89-341-2817-5(03230)

이 책의 출판권은 (사)기독교문서선교회가 소유합니다.
신저작권법에 의하여 한국 내에서 보호받는 저작물이므로 무단 전재와 무단 복제를 금합니다.

인간 人間

인간에 대해 묻고
하나님을 발견하다

하 종 태 지음

CLC

차례

들어가는 글 — 5

제1장 / 값비싼 인간 — 8

제2장 / 다시 쓰는 윤리학 — 66

제3장 / 인간 — 93

제4장 / 인간과 신 — 121

제5장 / 거룩의 미학 — 144

제6장 / 만약 신이 없다면 — 194

제7장 / 수가성 여인 — 227

나가는 글 — 256

들어가는 글

한국 교회에 대해 고민하다가 갑자기 인간이 궁금해졌다. 성경에 대해서, 한국 교회에 대해서, 목회자들과 성도들에 대해서, 교회 밖에 있는 사람들, 특히 작곡가들에 대해서 고민한 지가 꽤 오래된 듯하다. 성경은 연구하면 할수록 명확한데, 한국 교회와 목회자, 성도들은 갈수록 아리송해진다.

세상살이에서 이론과 실제가 다르다는 것은 익히 알고 있지만, 목회자와 성도의 삶이 성경과 다르다는 것은 차원이 다른 이야기이다. 그러려니 하고 넘어갈 수 있는 문제가 아니다. 오히려 교회 밖에 있는 사람들을 이해하기가 더 쉬운 듯하다. 그들이 훌륭하다는 것이 아니라 그들이 왜 그렇게 사는지 이해하는 것은 어렵지 않다는 의미이다.

내가 진정성(眞情性)을 진리(眞理)보다 앞세우는 것은 정말 그것이 중요하기 때문이다. 진리가 없는 진정성도 허무맹랑하지만, 진정성 없는 진리도 의미 없기 때문이다. 지금 이 시대는 아무래도 몰라서 못 하는 경우보다 알고 있으면서 안 하는 경우가 훨씬 많은 듯하다. 책임감도 희박하다. 그래서 더 절망적이다. 사실은 모른다는 이야기다. 제대로 알고서는 그럴 수 없기 때문이다.

나는 인간의 정체성을 밝히기 위해 〈값비싼 인간〉, 〈다시 쓰는 윤리학〉, 〈인간〉, 〈인간과 신〉, 〈거룩의 미학〉, 〈만약 신이 없다면〉, 〈수가성 여인〉 등 총 7장으로 나누어 서술해 보았다.

제1장 〈값비싼 인간〉에서는 인간의 실체를 다른 피조물과 비교하며 값비싼 동물로서의 인간을 조망했다.

제2장 〈다시 쓰는 윤리학〉에서는 오랫동안 왜곡되어 온 인간의 윤리를 되짚어 보고, 내가 생각하는 윤리를 제시했다.

제3장 〈인간〉에서는 여러 가지 인간사에 대해 서술했다.

제4장 〈인간과 신〉에서는 신 존재를 전제로 한, 인간의 정체성에 대해 서술했다.

제5장 〈거룩의 미학〉에서는 현대 사회와 교회에서 가장 절실하게 요구되는 '거룩'에 대해 다양한 관점으로 서술했다.

제6장 〈만약 신이 없다면〉에서는 신이 존재할 수밖에 없는 이유를 거꾸로 접근했다.

제7장 〈수가성 여인〉에서는 이 책을 쓸 수밖에 없었던 절박한 마음을 수가성 여인의 관점에서 한번 풀어 보았다.

첫 장에서는 인간을 너무 부정적으로 보는 것이 아닌가 하는 생각이 들 수도 있겠지만, 아마 이 책을 읽어 나가는 동안, 독자 자신도 모르게 창조주 하나님을 새롭게 발견하게 되리라 기대한다.

제1장

• • •
값비싼 인간

나는 이제 인간을 탐구하기 위하여 당신과 함께 조금은 특이한 여행을 떠나고자 한다. 흥분하지 않고 함께하다 보면, 꽤 의미 있는 시간이 되리라 생각한다.

다소 속이 메스껍거나 울렁거릴 때도 있겠지만, 그것은 잠깐이다. 끝까지 견디다 보면, 터널 끝자락에서는 아마 미소를 머금게 될 것이다.

인간은 정말 위대한가

나는 가끔 이런 질문을 던지곤 한다.
"인간은 정말 위대한가?"

물론, 인간이 발견하고 발명한 바를 몰라서 하는 말은 아니다. 그렇다고 잘 아는 것도 아니지만 …. 돌이켜 보면 인간은 처음부터 어설프기 짝이 없었던 것 같다. 성경 맨 처음에 나오는 선악과(善惡果)[1] 사건만 보더라도 그렇다.

태초에 하나님께서 천지를 창조하시고 아담과 하와를 만드신 지 얼마 지나지 않은, 감격이 벅찬 그 시기에 일어난 일을 한번 생각해 보자!

이 땅에 창조의 흥분이 채 가시기도 전에 위대한 우리 조상은 도대체 어떤 일을 했는가 말이다.

하나님께서 최초의 인간, 아담과 하와에게 모든 것을 허용하시고 딱 하나만 금지했는데, 딱 하나만!

위대한 우리 조상은 그것조차 지키지 못했다. 그야말로 어처구니없다는 말 외에는 달리 떠오르는 말이 없다. 그 사건 하나로 인해, 인류는 결코 헤어날 수 없는 깊은 수렁으로 빠져들게 되었다.

오호통재라!

이 모든 불행은 바로 그 먹음직도 하고 보암직도 하고 지혜롭게 할 만큼 탐스럽기도 한, 그 열매를 따 먹은 것으로부

---

1 창세기 2장 17절에 나오는, 선악을 알게 하는 나무의 열매를 가리킨다.

터 비롯되었다(창 3:6). 인간의 그 위대한 지혜는 이렇게 처참하게 무너져 내리고 말았다. 눈이 밝아져 하나님처럼 될 것이라고 철석같이 믿었는데, 결과적으로 뱀에게 완전히 속은 것이다. 정확히 말하면, 사탄에게 속은 것이다.

어떤 사람은 이 사건이 훗날 예수님을 보내어 인류를 구원하기 위한 불가피한 절차[2]였다고 말하지만, 내 생각은 다르다. 이 어이없는 일이 안 일어났다면 굳이 하나님께서 자기 외아들을 이 세상에 보내실 필요가 없었을 테니까 말이다.

인간이 달콤한 설탕에 몸을 맡기기 시작한 것은 이때부터다. 아주 그럴듯했었는데, 몇 초만 있으면 창조주처럼 될 것 같았는데, 막상 뚜껑을 열어 보니 아뿔싸, 기다리고 있는 것

---

2 사람들은 종종 하나님의 섭리와 예정을 잘못 적용하는 경향이 있다. 특히, 전지전능하다는 것을 잘못 적용해서 기계적인 하나님으로 생각하는 경향이 있다. 하나님은 인격적인 하나님이시다. 전지전능하시지만 각본대로 움직이시는 분은 아니다. 인간의 머리로 이해하려고 하면, 결국 하나님의 능력을 이상하게 제한하거나 왜곡하게 된다. 하나님은 실수도, 후회도 없으시다고 하는 것도 문자적으로 잘못 해석해서 자주 오해를 불러일으키는 듯하다. 성경에는 하나님께서 후회하시는 부분이 몇 군데 나온다.
"땅 위에 사람 지으셨음을 한탄하사 마음에 근심하시고"(창 6:6-7).
"내가 다시는 사람으로 말미암아 땅을 저주하지 아니하리니 이는 사람의 마음이 계획하는 바가 어려서부터 악함이라"(창 8:21).
"내가 사울을 왕으로 세운 것을 후회하노니 그가 돌이켜서 나를 따르지 아니하며 내 명령을 행하지 아니하였음이니라"(삼상 15:11).

은 황홀한 신의 세계가 아니라 그야말로 암흑의 시궁창이었다. 이것이 인간의 대단한 지혜가 낳은 결과물이다. 이것이 인간이 그렇게 우쭐대는 지혜의 민낯이다.

도구

인간이 동물보다 우월한 것은 도구를 사용하기 때문이라고 한다. 반은 맞고 반은 틀리다는 생각이 든다. 이는 장애인이 도구를 사용하기 때문에 그렇지 못한 사람들보다 더 우수하다는 것과 다르지 않다.

도구를 사용하는 것은 그만큼 인간이 불완전하다는 의미일 수 있다. 자연과 동물을 보면 더욱 명확해진다. 두 발로 걷는다는 것도 다른 동물과 비교했을 때 두드러진 차이점인데, 사실 네 발로 이동하는 동물에 비하면 어설픈 구석도 많다. 이동할 수 있는 거리나 속도 면에서 인간과 비교할 수 없게 강하거나 빠른 동물도 많기 때문이다.

도구를 사용하기 때문에 자랑할 것이 아니라, 도구를 사용할 수밖에 없기 때문에 오히려 겸손해야 하지 않을까 하는 생각이 든다.

다른 동물은 모든 것을 맨몸으로 하는데, 인간은 도구를 사용하지 않고, 맨몸으로 할 수 있는 것이 도대체 무엇인가?

맨손체조 정도?

참 궁색하기 짝이 없다.

인간은 자연과 동물보다 우월한 것보다 배워야 할 것이 훨씬 많은 듯하다. 자연과 동물은 인간보다 뛰어난 부분이 많지만, 결코 잘난 척하지 않는다. 간혹 우쭐대더라도 인간처럼 그렇지는 않다.

출산

인간은 출산도 혼자서 하기가 어렵다. 요즘에는 대부분 전문적인 병원에서 의사, 간호사들의 도움을 받아서 출산한다. 출산 비용도 꽤 많이 든다. 예전처럼 집에서 출산하는 사람은 대단하다는 소리를 듣는다.

돼지나 소와 비교해도 인간의 출산은 불완전하기 짝이 없다. 다른 동물은 출산을 위해 까다로운 조건도 필요하지 않지만, 출산하자마자 아무렇지도 않게 일상생활을 한다.

인간은 출산 후에도 오랫동안 까다로운 산후조리 과정을 거쳐야 회복에 무리가 없다. 그렇게 해도 출산 때문에 평생 고통을 겪는 경우가 적지 않다.

이렇게 힘겹게 한 인간이 탄생된다. 출산만 보더라도 인간은 결코 다른 동물보다 위대하다고 보기 어렵다.

병원

다른 동물은 똥을 먹거나 똥 있는 곳에 뒹굴어도 아무 문제가 없는데, 인간은 어찌나 까다로운지 동물이 보기에는 다들 특급 호텔에서 사는 셈이다. 인간은 조금만 지저분한 자극에도 알레르기, 비염, 두드러기, 장염 등이 생기니 환경에 매우 취약한 편이다. 인간이 자신의 생존을 위해 고비용을 지불하는 모습을 보면, 얼마나 위대한 존재이기에, 얼마나 위대한 일을 하려고 그러는지 가끔은 '이래도 되나'라는 의문이 들기도 한다.

병원에 가고 약국에 가는 동물도 인간이 유일하다. 수많은 석학이 수많은 비용을 들여 평생을 연구하는 분야가 의학, 약학이다. 내과, 외과, 치과, 산부인과, 정신과 등 다양한 병원이 있고, 또 수많은 약이 있다. 인간은 이렇게 취약하다.

약, 보약은 말할 것도 없고 비타민, 철분, 마그네슘, 칼슘 등 온갖 건강식품도 있다. 꼭 마약 중독자가 아니라 하더라도 약이 없으면 일상생활이 불가능한 존재가 인간이다. 오래 산다고 하지만, 다 약 덕분이다.

식물이나 다른 동물은 질병이나 죽음에 대해 저항하는 법이 없다. 최소한 인간처럼 온갖 방법을 동원해 가며 건강하게 살려고, 오래 살려고 호들갑을 떨지는 않는다.

인간은 그야말로 죽지 않으려고 발버둥을 친다. 그렇게 오래 살아도, 그렇게 건강하게 살아도 잘 살 자신도 없으면서 말이다.

거기에는 사회적으로, 개인적으로 엄청난 비용이 들어간다. 사실 건강식품을 먹어 가면서 나쁜 짓을 하는 존재는 인간밖에 없다. 동물이 보기에 민망할 정도이다. 굳이 따지자면 동물이 더 훌륭한 듯하다.

죽은 조기의 인상을 보라!

동물은 자연스럽고 초연하게 죽음을 맞이한다. 그것들은 하나같이 창조주의 질서와 명령을 거부하지 않는다. 이런 점은 확실히 인간보다 훌륭하다. 아마도 동물에게서 배워야 할 듯하다.

양육

양육은 더 까다롭다. 다른 동물은 양육이 비교적 간단한 편이다. 돼지 새끼나 송아지는 젖병도, 공갈 젖꼭지도, 장난감도 없다. 밤에 잠도 못 자고 수고스럽게 시간 맞춰 분유를 주거나 젖병을 소독할 필요도 없다.[3] 돈도 들지 않는다. 모든 것이 자연스럽다. 인간은 명함도 내밀 수 없을 정도다.

성장할수록 인간은 혼자 할 수 있는 것이 없다. 늘 도움을 받거나 때로는 폐(弊)를 끼쳐야 생존할 수 있는 존재가 인간이다. 그렇게 까다롭게 성장해서 대단한 일을 할 것 같지만 그렇지도 않다. 오히려 그 반대다. 눈 뜨고 생각하는 것이 죄다 창조주가 허락한 자연환경을 망가뜨리는 것뿐이다.

기술, 과학이라는 것도 다 그런 것이다. 지능이라도 낮으면 좋으련만 머리는 좋아서 나쁜 일에는 그야말로 첨단을 달린다. 그저 아담의 어리석음을 반복할 뿐이다. 그러면서 또 엄청나게 우쭐댄다.

어린이집, 유치원, 초등학교, 중학교, 고등학교, 대학교, 대학원, 유학, 평생 교육 이런 교육도 만만치 않다. 그렇게

---

3 물론, 요즘처럼 팔기 위해 대량으로 사육하는 경우를 말하는 것은 아니다.

공부해도 식물이나 다른 동물처럼 훌륭하게 살아 내지도 못한다.

물론, 스스로는 대단하다고 떠들고 있지만 그것은 인간의 생각이고, 우주와 인류 전체를 다스리시는 하나님 편에서 보면 어이없어서 그저 입이 딱 벌어질 뿐이다. 창조 초반부터 아담과 하와가 저지른 일을 보면 짐작이 되고도 남는다.

다들 부모 노릇도 처음 하는데, 아이 키우느라 혼쭐이 빠진다. 금이야 옥이야 돈은 돈대로, 신경은 신경대로 쓰면서 말이다.

요즘에는 윤리도, 도덕도, 권위도, 질서도 다 무너져 버렸으니 그저 엉덩이에 뿔 난 망아지를 키우는 꼴이다. 그 뿔로 키워 준 부모를 들이받지 않으면 그나마 다행인 듯하다. 송아지는 대학에 가지 않아도 잘만 사는데 …. 아무리 생각해도 인간은 하는 일에 비해 생존 비용이 너무 비싸다.

人 의(衣)

옷 입는 동물도 인간밖에 없다. 그것도 속옷, 겉옷, 원피스, 투피스, 형형색색 사시사철 다른 옷이 필요하다. 입는 옷이 조깅할 때 다르고, 등산할 때 다르고, 축구를 할 때 다르다. 옷이 조금만 두꺼워도 덥다고 하고, 조금만 얇아도 춥다고 한다. 얼마나 민감한지 …. 양말만 해도 종류가 다양하다.

양말만 있나?

신발은 또 얼마나 다양하고 고급스러운가?

구두, 운동화, 조깅화, 등산화, 슬리퍼 등등. 이런 것을 다 가지려니 탐욕이 생길 수밖에 …. 양말, 신발이 없으면 맥을 못 추는 존재가 인간이다. 그런 측면에서 보면 인간은 결코 위대한 존재가 아니다. 지금껏 육십 평생 소가 양말을 신고, 구두를 갈아 신었다는 소리를 못 들어 봤다. 그러나 평생 양말 한 켤레, 신발 한 켤레로 살아가는 인간이 있을까.

세탁은 또 어떠한가?

세탁기, 건조기, 건조대, 물세탁 세제, 유연제, 드라이클리닝 세제, 다리미 등 온갖 것이 다 필요하다.

인간은 정기적으로 세수도 해야 하고, 머리도 감아야 하고, 샤워, 목욕도 해야 한다. 그뿐만 아니라 화장도 해야 하고, 이발도 해야 하고, 염색도 해야 한다. 머리 감는 데도 샴푸, 린스가 있어야 하고 그 종류도 다양하다. 참고로 아버지는 여태 샴푸를 써 본 적이 없다. 이런 분이 대단하다.

화장도 얼마나 복잡한가!

그냥 스킨, 로션만 바르면 되는 것이 아니다. 요즘에는 여자만 그런 것이 아니고 남자들도 여자 못지않다고 한다.

머리 손질은 또 어떠한가?

간단하지 않다. 커트, 파마를 비롯해 수많은 방법이 있다. 여기에다 염색까지 …. 머리 미용에 엄청난 비용이 들어간다.

인간이 살아가는 데 이렇게 비싼 비용이 든다. 사자가 머리를 빗고, 곰이 이발했다는 소리를 들어 보지 못했다. 자고 일어나면 머리가 눌려서 물을 묻히거나 모자를 써야 하는 존재도 인간이 유일하다. 반지, 목걸이, 귀걸이, 팔찌, 발찌, 코걸이 등 장신구도 다양하다. 이런 것을 보석, 보물이라고 한다. 여기에 목숨을 거는 인간도 엄청 많다.

인간은 이렇게 취약하다. 탐욕도 집요하며, 요란스럽고 까탈스럽다.

식(食)

먹는 것은 또 어떠한가?

먹는 데 도구가 필요한 동물은 인간밖에 없다. 그것도 숟가락, 젓가락, 나이프, 포크, 컵, 접시, 음식마다 다른 수많은 그릇, 각종 냄비, 프라이팬, 전자레인지, 오븐, 가스레인지 등 수많은 주방 기구가 필요하다. 설거지하는 동물은 보지 못했는데, 인간은 매번 설거지도 해야 한다. 게다가 세제, 식기세척기까지 참 복잡하다.

또 먹는 음식은 얼마나 많은가?

다양한 종류의 밥, 국, 죽, 고기, 채소, 생선, 물, 음료수, 과일, 과자, 피자, 전, 튀김, 떡볶이, 빵, 면 등 얼마나 많은가. 종류별로 나눠도 한식, 양식, 중식 등 참 많다.

음식을 하나 먹어도 양념, 소스는 또 얼마나 많은지 ···. 하여튼 간을 하지 않고 먹는 경우가 거의 없다. 심지어는 과자를 먹을 때도 소스에 찍어 먹는다. 인간만 이렇게 복잡하다.

그래서 결국 달고, 짜고, 맵고, 신 것 때문에 온갖 병에서 자유롭지 못한 존재가 인간이다. 무엇이 동물보다 우월한지 이해하기가 어렵다.

대부분의 음식을 지지고, 볶고, 굽고, 튀기고, 삶아서 먹어야 하니 불이나 전기가 필요하고, 음식을 오랫동안 보관하기 위해 냉장고나 냉동고도 필요하다. 또 유통기한에 민감하고, 생존을 위해 자연환경을 오염시키고 훼손하는 존재도 인간뿐이다.

커피, 차, 술, 담배, 마약은 또 무엇인가?

이것이 인간이다. 이런 소모적이고 까다로운 인간이 동물보다 더 대단한 일을 할 것 같지만, 꼭 그렇지도 않다. 다른 동물이나 식물보다 잘한다고 내세울 것이 별로 없다.

이러한 현실을 창조주도 알고, 동식물도 아는데, 인간만 모르는 듯하다. 인간은 그렇게 누려도 되는 줄 아는가 보다. 그저 한 점 부끄러움도 못 느끼고, 스스로 대단하다고 우쭐댈 뿐이다.

대변을 보며 신기한 경험을 한 적이 여러 번 있다. 아침, 점심 두 번이나 연속적으로 대변을 봤는데, 휴지가 하나도 필요 없었다. 그때마다 대변을 닦을 필요가 없는 상황에 감탄했다.

그러면서 인간이 얼마나 자연 질서에서 벗어나 있는지 자각하게 되었다. 이상한 것을 먹고 이상하게 사니까 대변 본 후에도 휴지가 필요한 듯하다. 엉덩이만 그런 것이 아니고 온 변기에 칠갑하기도 한다. 다 자업자득(自業自得)이다. 탐욕과 오만이 부른 결과라는 생각이 든다.

대변 본 후에 휴지가 필요하다는 동물은 보지 못했다. 이것만 보더라도 인간은 위대하지 않다. 화장실에 휴지만 없어도 비상 상황이 되기 때문이다. 그렇게 보면 우주 최대의 도둑이요 날강도가 바로 인간이 아닌가 하는 생각이 든다.

어디 그뿐인가?

양치(養齒)하는 동물도 인간밖에 없다. 인간은 음식을 먹으면 꼭 양치해야 한다. 그것도 하루에 세 번씩. 치약, 치간 칫솔, 치실까지 동원해 가면서 말이다.

관리를 조금이라도 소홀히 하면 찝찝한 것은 물론, 충치가 생기고 잇몸이 붓는다. 그 통증이 또 장난이 아니다. 결국, 이가 빠져 거액을 들여서 임플란트를 하든지 틀니를 하든지 해야 한다. 이 모든 것은 돈 없이는 불가능하다.

양치도 안 하고, 세수도 안 하고, 머리를 안 감아도 위풍당당한 동물은 정말이지 복받은 존재들이다. 인간이 위대한 것이 아니라, 굳이 따지자면 동물이 위대하다.

이런 것만 보더라도 인간은 매우 비효율적인, 뭔가 취약하기 짝이 없는 존재임이 틀림없다. 이렇게 고비용을 쏟아붓는다 해도 딱히 동물보다 나은 것이 없으니 말이다.

人 주(住)

집은 또 어떠한가. 모르기는 해도 인간이 탐욕을 부리는 가장 대표적인 것이 집이 아닐까 하는 생각이 든다. 어떤 집에서 사는가, 어떤 집을 소유하는가가 중요한 관심사이다. 단독주택, 연립주택, 아파트 등이 대표적인 주거 유형이다. 인간은 대부분 집에 매여 평생을 보낸다.

동물은 겨울에나 여름에나 집 때문에 호들갑을 떨지 않는다. 여태 사자가 아파트를 샀다는 말은 듣지 못했다. 자연이 그들의 마당이요, 집이다. 그들은 에어컨이나 히터도 없다. 이불도, 베개도, 전기장판도, 온돌도, 침대도, 바람막이도 없다.

반면에 인간은 1-2도에 민감하다. 집이 또 단순하지도 않다. 인간이 거주하는 집은 상수도, 하수도, 가스, 전기, 인터넷, 배관, 보일러, 소방 시설 등 엄청 복잡한 구조로 되어 있다. 요즘에는 50층 이상의 아파트도 있는데, 모든 집이 그렇게 되어 있으니 얼마나 복잡하겠는가.

인간은 스스로 이루어 놓은 업적을 칭송하며 우쭐해하겠지만, 동물은 콧방귀 뀔지도 모르겠다. 모르기는 해도 "참 복잡하게 사네!"라고 할 듯하다.

나그네의 삶이란 오히려 동물에게 더 잘 어울릴 듯하다. 탐욕 많고 머리가 복잡한 인간은 애초에 나그네와는 거리가 먼 듯하다.

교통수단

인간은 마차, 자전거, 오토바이, 자동차, 비행기, 배, 로켓 등 교통수단을 발명하고 스스로 대단하다고 생각할지 모르지만, 동물은 아예 그럴 필요성을 못 느끼는 듯하다. 오히려 "인간은 왜 저렇게 쓸데없는 짓을 하지?"라며 의아해할지도 모르겠다. 동물은 인간처럼 그렇게 많이, 그렇게 멀리, 그렇게 빨리 이동할 필요가 없다. 이 모든 것은 인간의 탐욕에서 생겨난 것이다.

대표적인 것이 '제국주의', '세계화', '지구촌'이라는 개념이다. 이제는 지구도 부족해 달, 화성까지 기웃거린다. 교회까지 봉고나 대형 버스를 몰고 이 동네 저 동네 다니는 것이 현실이다. 그냥 동네에 있는, 가까운 교회에서 예배하면 되는데 …. 사실 걸어서 갈 수 있는 교회가 자기 교회다. 그곳까지가 주어진 구역이다.

그런 측면에서는 옛날로 갈수록 더 바람직했다는 생각이 든다. 동물이 그렇듯 걸어갈 수 있는 곳까지, 더 확장하더라도 낙타나 말을 타고 갈 수 있는 곳까지면 충분하다.

운송수단을 생산한다고 자연을 파괴하고, 타고 다닌다고 환경을 오염시키고, 돈은 돈대로 들고, 이게 뭔가!

그렇게 하지 않았다면 환경 오염이라는 개념도 생겨나지 않았을 것이고, 굶어 죽는 일도 없을 것이다. 인간이 잘한다고 나대면 그만큼 치울 게 많아질 수밖에 없다. '발전'(發展)이라고 그럴듯하게 포장하고 스스로 위로도 하지만, 실상은 파멸로 달려갈 뿐이다. 전통을 마구 무너뜨리고, 얼마 지나지 않아 다시 복구한다고 호들갑을 떠는 것이, 인간이 비싼 밥을 먹고 그 대단한 지능으로 하는 짓이다.

운동

인간은 동물이 보기에 어설프기 짝이 없다. 우사인 볼트[4]가 아무리 빨리 달린다고 하더라도 타조보다 느리다. 인간은 도구가 없으면 하늘을 날 수도 없다. 물에 들어가서 오래 버틸 수도 없다.

요즘에는 운동을 해도 돈도 많이 들고 복잡하고 까다롭다. 등산을 하든, 조깅을 하든, 헬스를 하든 마찬가지다. 무엇을

---
4 1986년생. 자메이카 전(前) 육상선수이자 축구선수. 100미터, 200미터 세계 신기록 보유자.

하든 도구, 기구, 장비가 많고, 배우는 것도 까다롭다. 돈 안 들이고 하는 것은 거의 없다. 자연적이지도 못하다.

인간은 쓸데없는 것들을 만들어 놓고 위대하다고 난리다. 그것으로 돈을 벌고, 또 그것을 위해 돈을 쓴다. 그리고 행복해한다.

남의 다리를 긁고 시원하다는 것과 무엇이 다른가!

감정

인간은 희로애락(喜怒哀樂)의 감정 표현이 매우 다양하고 섬세하다. 이런 감정 표현은 인간에게 매우 유용하고 소중한 것이지만, 자칫 부정적인 방향으로 흐르게 되면 동물과는 비교할 수 없을 정도로 위험한 결과를 초래하기도 한다.

결국, 감정 조절이 문제다. 평소에는 별문제가 없더라도 정서가 불안정하게 되면 감정이 이성(理性)의 통제를 벗어나게 된다. 말하자면 '욱'하는 것이다. 현대 사회는 이 문제가 정말 심각하다. '묻지 마 범죄'도 그런 것이다.

이성을 통해 걸러지지 않은 감정은 아무 쓸모가 없다. 어떤 사람은 이성을 감정을 옭아매는 협잡꾼 정도로 취급하지만, 모르는 소리다. 도덕과 윤리도 인간이 이성을 지녔기 때문에 기능하는 것이다. 이성은 감정을 걸러 내는 필터와 같다. 감정을 너무 걸러 내는 것도 문제지만, 무방비로 분출(噴出)하는 것은 더 큰 문제다.

'욕'(辱)은 고등 동물이라고 하는 인간만이 할 수 있는 언어다. 시기, 질투, 증오, 망상, 폭언, 혐오 같은 극단적인 감정 표현은 인간에게만 있다. 몇십 년 동안 원한을 쌓아 두고, 기어코 원수를 갚는 것도 인간에게만 나타나는 현상이다.

동물은 인간의 흉내도 낼 수 없다. 아무리 폭력적인 동물이라 하더라도 명확하고 단순하다. 인간처럼 복잡하게 감정을 표출하고, 그렇게 잔인하게 복수하지는 않는다. 인간처럼 지능적이며, 잔인하며, 폭력적인 동물은 없는 듯하다. 전쟁을 일으키고, 핵무기, 생화학무기를 사용해 대량 살상하는 동물도 인간밖에 없다. 이런 것은 모두 '불안증'에서 오는 현상들이다.

이와 더불어 인간에게 나타나는 대표적인 심리 증상으로는 '우울증'이 있다. 불안이나 우울은 감정이 정상적으로 기능하지 못하기 때문에 생기는 증상이라 할 수 있다. '정서장애'이다.

이것은 주로 자신의 정체성이 불확실하거나 주변인과의 관계가 건강하지 못할 때 나타나며, 불만이나 절망의 형태로 나타난다.

여러 가지 원인이 있겠지만 그 원인을 거슬러 올라가 보면, 가장 큰 원인은 주어진 권위와 질서, 즉 창조 질서에 순응하지 않았기 때문이다. 또는 탐욕, 과도한 비교 의식, 경쟁 심리 때문이라고도 할 수 있을 것이다. 인간의 비뚤어진 사고(思考)와 정서가 그 근본 원인이다.

결국, 하나님을 경외하고 이웃을 사랑하라는 명령을 소홀히 했기 때문에 생기는 증상이다.

인종과 언어

인간은 종류가 다양하다. 일반적으로 흑인종, 백인종, 황인종으로 구분한다. 같은 황인종이라 하더라도 한국, 중국, 일본, 동남아 다 다르다. 얼굴 색깔도 다르고, 눈동자 색깔도, 머리 색깔도 다르다. 그리고 나라마다 눈매나 코, 입술 등 얼굴 생김새도 조금씩 다르다. 같은 민족이라 하더라도 비슷하게 생긴 사람이 드물 정도로 가지각색이다.

개의 종류는 비교적 다양한 편인데, 다른 동물은 대개 그렇지 않은 듯하다.

고양이가 그런가, 토끼가 그런가, 사자가 그런가, 표범이 그런가, 곰이 그런가?

아니면 갈매기가 그런가, 독수리가 그런가, 문어가 그런가, 상어가 그런가?

다르다고 해도 인간처럼 그렇게 가지각색은 아니다. 게다가 인간은 스스로 미인과 그렇지 않은 사람을 구별한다.

사자 미스 월드, 사자 미스터 월드를 뽑는다면 우습지 않은가!

동물에게는 미모가 별 의미 없다는 뜻이다.

게다가 인간은 언어도 다르다. 동물은 세계 어디에 있든지 어학원에 다닐 필요가 없는데 말이다.

인간만큼 쓸데없는 데에 비용을 들이는 존재도 없는 듯하다. 인간이라는 존재는 참으로 취약하고, 불편하며, 또 무척 힘겹게 살아가는 듯하다. 개고생한다는 말은 어쩌면 개가 아니라 인간에게 더 어울릴지도 모르겠다. 인간은 참 고생이 많다. 고달픈 인간이다.

人 생각

파스칼은 인간은 '생각하는 갈대'라고 했다. 아마 모르기는 해도 동물도 생각은 할 것이다. 인간처럼 복잡하지는 않겠지만 …. 생각은 매우 중요한 것이다. 단순한 상상이나 공상이 아니라 의지와 연결되어 행동으로 나타나기 때문이다.

생각은 인간이 가진 양날의 검이다. 왜냐하면, 인간은 생각 때문에 대단해지기도 하지만 생각 때문에 망하기도 하기 때문이다.

대표적인 현상이 선한 생각과 악한 생각이다. 이는 창조주가 인간에게 허락한 '자유의지'(自由意志, free will)와 깊은 연관이 있다. 자유의지란 창조주가 인간에게 부여한 것으로, 개인의 의지에 따라 자발적으로 생각과 행동을 선택하고 결정할 수 있는 능력을 말한다. 사실 이것이 문제다. 복(福)이 될 수도, 화(禍)가 될 수도 있기 때문이다. 인간이 로봇이 아닌 이유가 바로, 이 자유의지 때문이다.

인류의 시조인 아담과 하와가, 창조주가 금한 선악과를 따 먹을 수도 있고 그렇지 않을 수도 있었지만, 불행히도 그 금지된 선악과를 따 먹어 버렸다. 인간은 그 이후로 끊임없이 대단해지기도 했지만, 동시에 끊임없이 타락의 구렁텅이로

추락하기도 했다. 동물에게는 아주 단순한 선택권만 주어졌지만, 인간에게는 고도의 지능이 주어졌기 때문에 잘못하면 그 피해는 상상을 초월한다. 동물이 소총을 쏘는 수준이라면 인간은 핵폭탄을 사용하는 정도의 차이라 할 수 있다. 사실 비교가 안 된다. 인간이 도구를 사용한다는 것은 그런 의미이다.

인간은 생각을 통해서 인류의 모든 문명을 발전시켜 왔다. 기술, 과학, 학문, 철학, 예술, 종교라고 하는 것까지 …. 정말 대단한 발전이다. 분야마다 조금씩 다르겠지만 거의 모든 분야에 걸쳐 놀랄 만한 발전을 이룩했다고 할 수 있다.

윤리, 도덕, 종교만 제외한다면 말이다. 안타깝게도 윤리, 도덕, 종교는 정확하게 역주행하고 있다. 끝없이 타락의 길로 질주하고 있다. 우리는 이제 인류가 걸어온 길을 조금은 더 냉정하게 돌아볼 필요가 있다.

"발전했다고 하는 이것이 과연 발전이 맞는가?"
"인간을 위한다고 한 이것이 과연 인간에게 이로운 것인가?"
"우아하고 세련됐다고 하는 이것이 과연 그런가?"
"도로에 아스팔트를 깔아서 빠르게 달리는 것이, 좁고 먼지 나고 흙탕물 튀기는 비포장도로를 달리는 것보다 나은가?"

"무슨 병에 걸렸는지도 모르고 죽어간 이전 시대보다 고도의 의술과 의약품으로 요리조리 오래 연명하는 이 시대가 더 나은가?"

"눈, 코, 턱에 성형 수술을 한 것이 본래의 얼굴보다 더 나은 것이 맞는가?"

이런 질문을 던져야 한다.

생각의 결과가 고작 이 정도인지, 동물보다 더 많이, 더 깊이, 더 고상하게 생각한 결과가 과연 동물보다 위대한 것이 맞는지 의문이 생긴다. 그렇지 않다는 것이 내가 내린 결론이다. 인간의 생각은 더 크게, 더 많이, 더 높이, 더 멀리, 더 빨리 바벨탑(창 11:1-9)을 쌓는 데만 관심이 있다. 언뜻 위대해 보이지만 조금만 더 따져 보면 어이없다는 생각이 든다.

자연환경의 오염, 훼손과 윤리, 도덕, 종교의 타락이 바로 그 증거물이다. 인간이 그 좋은 '생각'이라는 도구로 한 일이 에덴동산을 파괴하고 창조 질서를 망가뜨리는 짓이었고, 그 이후로도 인간의 생각은 주로 그런 일에 사용되었다. 참 슬픈 이야기이다. 자녀를 금이야 옥이야 키워 놓았더니 대뜸 하는 소리가 "아빠가 내 아빠 맞아?"라니 ….

인간은 과연 동물보다 위대한가?

가족

가족(家族)이라는 측면에서 한번 생각해 보자!

가족 제도는 인간이 만든 것이 아니다. 창조주가 인간에게 부여한 가장 핵심적인 제도가 가족 제도이다. 사회, 국가라는 것도 가족공동체로부터 비롯되었기 때문이다. 인류공동체를 지탱하게 하는 가장 핵심적인 조직이 가족이다. 가족을 통해서 삶이 이루어지고 대(代)가 이어진다.

가족은 기본적으로 엄마, 아빠라는 부모와 아들, 딸이라는 자녀로 구성된다. 부부(夫婦)는 결혼(結婚)을 통해 이루어지고, 결혼은 남자와 여자라는 양성의 만남을 통해 이루어진다. 자녀 출산은 부부의 특권이기도 하고 의무이기도 하다. 또 사랑의 결실이기도 하다.

가족은 가부장제(家父長制)라는 질서를 통해 유지된다. 가부장이란 남편, 아버지가 가족의 중심이 되는 체계이다. 남편과 아버지의 권위가 여기에서 생긴다. 이것은 창조주 하나님께서 부여하신 질서이다.[5]

---

[5] 창세기만 하더라도 인류의 조상 아담과 하와를 비롯해 노아, 아브라함, 이삭, 야곱에 이르는 가족 체계와 가족 질서를 자세히 들여다볼 수 있다.

교육도 가족에서 출발한다. 사회의 모든 질서와 체계가 가족에게서 나온 것이다. 가족은 인간 사회의 근간이자 표본이다. 가족이 해체되면 사회에 매우 심각한 균열이 발생할 수밖에 없다. 그래서 가족이 중요하다.

그러나 20세기를 전후해서 전쟁, 산업화 등으로 인해 핵가족화 현상이 가속화되면서, 가족의 질서와 체계가 급격히 무너지게 되었다.

대표적인 현상이 개인의 행복을 위해 결혼을 기피하거나, 결혼은 해도 자녀를 출산하지 않거나, 자유, 평등, 인권을 빙자해 가부장제를 허물어뜨리는 것 등이다. 현대 사회는 전통적인 가족 체계를 해체하고 동거, 비혼, 독신, 동성애 같은, 창조 질서를 거스르는 방향으로 질주해 왔다.

그나마 겨우 명맥을 유지하고 있는 가족 제도도 가부장제와 가장의 권위를 부정하는 방향으로 가고 있다. 소돔과 고모라가 따로 없다. 가족도 아닌 사람들이 모여 가족이라며 소꿉놀이를 하고 있다. 가족이 이러니 교회, 학교, 사회가 건강할 리 없다. 그야말로 똥인지 된장인지도 구별하지 못하는 난장판이다. 창조주가 보면 기가 찰 노릇이다.

동물은 어떤가?

동물은 인간에 비하면 확실히 순박하며, 행복해 보인다. 그들은 책도, 법도, 학교도, 목사도 없지만 창조 질서를 잘 따르고 있는 듯하다. 정말 모범적이다. 인간은 그 잘난 머리로 자연을 파괴하고, 생태계만 교란할 뿐이다.

그렇다고 인간이 동물보다 더 행복한가?

그렇지도 않다. 값비싼 인간은 그저 우울할 뿐이다. 자기가 저질러 놓고 자기 스스로 놀란다. 참 어이가 없다.

급기야 인간 사회의 근간이자 창조 질서의 보루(堡壘)인 가족 제도조차 사부작사부작 무너뜨리고 있다.

이게 말이나 되는가!

사회

인간은 '사회적 동물'이라고 했던가!

동물도 군집 생활을 하지만, 인간처럼 이렇게 헤매지는 않는다. 인간처럼 복잡한 과정을 거쳐 대표를 선출하고 법을 만들지도 않지만, 인간보다 훨씬 질서를 잘 지킨다.

철새가 이동하는 것만 봐도 잘 알 수 있다. 개미와 꿀벌을 봐도 그렇다. 얼마 전에 '이태원 거리 압사 사고'[6]도 있었지만, 동물은 그렇게 많이 이동해도 그런 사고가 없다.

인간은 질서를 존중하지도 않고, 또 질서 지키는 것을 너무 귀찮아한다. 인간은 사회적 동물이라는 말이 무색할 정도이다. 인간에 비하면 동물은 그야말로 선생이다. 자연은 더 그렇다.

산이나 들이나 바다를 한번 보라!

식물이든 생물이든 인간 사회처럼 무질서하고, 사회생활을 잘 못하는 데가 있는지 …. 인간은 그저 사회를 이용하는 이기적인 존재일 뿐이다. 개인을 이용하고, 군중을 이용하고, 자연환경을 이용하고, 급기야 신(神)도 이용하려 드는 존재가 인간이다. 사악한 것만큼은 누구에게도 뒤지지 않는다. 이기적인 정치인, 종교인이 그 대표적인 예이다.

창조 질서를 무시하고, 가장 기초적 사회인 가족(家族) 체계조차 존중하지 않는다면 그것은 올바른 사회라고 하기 어렵다.

---

[6] 2022년 10월 29일 토요일, 서울특별시 용산구 이태원동 핼러윈 축제에서 발생한 압사 사고로 196명이 부상하고, 159명이 사망했다.

人 교육

지식과 기술을 가르치며, 인격을 길러 주는 것을 교육이라고 한다.

인간은 어릴 때부터 어린이집, 유치원, 초등학교, 중고등학교, 대학교 등의 정규 교육을 비롯해, 가정 교육, 교회학교를 비롯한 여러 종교 단체나 직장에서 행해지는 교육, 학원 교육, 평생 교육까지 다양한 형태의 교육을 받는다. 나도 유학까지 갔다 왔으니 교육을 적게 받은 편은 아닌 듯하다.

하지만, 교육이라는 것이 과연 인간에게 긍정적인 영향을 미치는지에 대해서는 심각하게 돌아볼 필요가 있다. 교육 방법은 제쳐 두고라도 도대체 무엇을 배우는가, 왜 배우는가에 대해서 점검해 볼 필요가 있다. "인간은 무엇을 배우려 하는가", "무엇을 알 때 유식하다고 하고, 무엇을 모를 때 무식하다고 하는가" 등 다양한 질문을 던지고 답해 볼 수 있을 것이다.

학교에서 다루는 내용은 대개 한 인간이 사회생활을 할 때 꼭 필요한 지식과 인성에 관한 것이다. 비교적 폭넓고 깊이 있는 내용이 다루어진다. 국어나 외국어 같은 경우는 언어 이해 능력과 소통 능력에 관한 것이고, 수학이나 과학 같은 경우는 미래의 산업 발전에 직접 연계되는 내용이고, 윤리나 도덕 같은 과목은 사회생활에서 지켜야 할 규범, 도리, 가치 같은 것이다. 조금 더 현실적인 측면에서 말한다면, 모두 진학이나 취업에 필요한 것이라고 할 수 있다. 다 대단한 것들이다. 우리가 지금 누리고 있는 것이 다 거기에서 나왔다고 해도 과언이 아니다.

샴푸로 머리를 감고, 숟가락으로 밥을 먹고, 컴퓨터로 글을 쓰고, 스마트폰으로 통화하고, 오디오로 음악을 감상하고, 자동차를 타고 이동하는 것도 다 그런 교육 때문에 가능한 일이다. 그러나 "과연 샴푸, 숟가락, 컴퓨터, 스마트폰, 오디오, 자동차 때문에 인간이 동물보다 더 나은 삶을 살고 있는가"는 다른 차원의 질문이다. 당연하다고, 대단하다고 생각했던 그것이 정말 그런가 묻는 질문이다.

원주민이 미개하다고 생각해서 우월감을 가지고 열심히 선진 문물을 전수해 준 이들이 과연 원주민보다 더 나은가?

배운 사람이 배우지 못한 사람보다 과연 더 나은가?

그렇지 않다.

인간처럼 대단한 것을 배우지 못한 동물이 오히려 인간보다 더 나은 삶을 영위하고 있는지도 모른다. 언뜻 의아하게 생각될지 모르겠지만, 조금만 생각해 보면 고개가 끄덕여질 것이다. 비싼 비용을 들여 만든 고급 신발과 옷으로 치장한 문명인이 비문명사회의 원주민보다 반드시 낫다고 할 수는 없다. 원주민이 더 나을 수도 있다는 말이다. 그렇다면 동물은 더 말할 필요도 없다. 그래서 많이 배운 사람보다 적게 배운 사람이 더 훌륭할 수 있다는 것이다.

내가 『공책』(空冊)이라는 명상록에서도 밝혔듯이, 사람은 몰라서 문제가 되는 것이 아니라 불필요한 것을 너무 많이 알아서 문제가 되는 듯하다.[7] 이것도 탐욕이다. 알고 싶어서든, 과시하고 싶어서든 마찬가지다. 교육이 훌륭한 제도이기는 하지만, 훌륭하다고 느껴본 적은 거의 없는 듯하다.

독서

취미가 무엇인지 물으면 독서라고 대답하는 사람이 꽤 많다. 책이 책을 부르기 때문이다. 이것이 책의 딜레마이다. 그

---

7 하종태, 『공책』 (주어진길, 2020), 121.
"우리는 그간 기름진 책들을 너무 많이 읽었다. 좋다는 책들은 다 읽지 않았는가. 유명한 작가가 쓴 책, 베스트셀러 책들, 그럴듯한 책들, 하루가 멀다 하고 홍보되는 만병통치 책들에 피폭되며 살아왔다."

래서 계속 책의 노예가 되기도 한다. 유튜브를 보거나 블로그를 찾아보는 습관도 이와 비슷하다.

  책을 많이 읽는 것이 문제라면 무슨 이유 때문일까?

첫째, 알면 알수록 모른다는 사실을 더 깨닫게 되기 때문이다.

  몰라서 알려고 책을 읽는데, 점점 모른다는 사실만 알게 된다. 그래서 더 열심히 책을 읽어야 하겠지만, 한 가지 유의할 것은 지식의 탐욕과 한계성이다. 지식은 지식을 부른다. 게임 중독, 알코올 중독, 마약 중독과 비슷하다. 지식을 축적하는 것이 대단한 만족감을 주겠지만, 그저 자기만족에 불과할 수 있다. 그것이 아무리 과학, 논리, 교양, 문학이라는 학문의 껍데기를 가지고 있다고 해도, 지식이 진리(眞理)를 알게 하지 못한다면 그럴 수밖에 없다는 것이다. 그럴 때 독서는 고상한 탐욕이 되고, 그런 지식은 분명한 한계성에 머무를 수밖에 없다.

  둘째, 책을 읽으므로 깨달아 삶에서 열매를 거두는 것이 아니라 읽기만 하기 때문이다.

  책을 사서 읽으면 순간적으로 포만감이 드는 것은 사실이다. 책을 굳이 읽지 않더라도 사기만 해도 그럴 수 있다. 더

군다나 책을 읽는 것은 고상해 보이기까지 한다. 이런 부작용은 생활 전반에 걸쳐 나타나지만, 독서에서는 특히 심하다. 대표적인 예가 아마 성경책일 것이다. 가장 많이 팔리고, 가장 많이 읽히는 책이지만, 성경책대로 사는 사람은 극히 드물다.

책을 많이 읽은 사람을 잘 관찰해 보라!

그에 걸맞게(?) 살아간다. 책에서 감동한 대로 살아간다는 의미가 아니라 하나같이 체형이 가분수가 되어 뒤뚱뒤뚱한다는 의미이다.[8] 책만 많이 읽어 머리가 비대해지고 무거워진다는 뜻이다. 대개 이런 사람들은 쉬운 말을 어렵게 하는 습관이 있다. 되게 장황하고 유식하게 표현하는 듯하지만, 대부분 앵무새처럼 남의 이야기만 반복할 뿐이다.

논문은 더 심하다. 책은 마치 음료수와 같다. 마시면 마실수록 더 갈증이 생긴다. 책의 가치나 효용성을 부정하려는 것은 아니다. 책의 속성이 그렇다는 말이다. 아무리 고상한

---

8 하종태, 『공책』, 153.
"지금까지 세상의 많은 기름진 책들을 읽었다면, 당신에게 필요한 마지막 책은 아마 공책이 되리라."

말을 하더라도 책은 유명해져서 잘 팔리는 것이 궁극적인 목적이다.

사람들은 속아도 고상하게 속는 것을 좋아하는 듯하다. 그래서 독서의 공허함을 덜 느끼는지 모르겠다. 독서는 가장 고상한 설탕물이다. 인간은 얼마나 거기에 잘 녹아드는지 성경책까지도 그렇게 만들어 버린다. 기가 찰 노릇이다. 성경은 읽는 것이지 따르는 것이 아니라고 한다. 성경을 따르려고 하는 사람에게 오히려 충고한다.

"순진하기는. 성경은 따르는 것이 아니야. 성경은 고상한 장식품이라니까."

지금까지 살아오면서 동물이 책을 읽었다는 소리를 듣지 못했다. 그래서 동물이 더 훌륭하다는 것이다. 인간은 정말이지 유지비가 비싼 정도가 아니라 끝이 없는 듯하다.

도덕과 윤리

인간의 도덕(道德)과 윤리(倫理)는 가족으로부터 출발한다고 해도 틀린 말이 아니다. 대표적인 것이 결혼과 출산 그리고 가부장제이다.

최초의 인간적인 권위도 여기에서 시작된다. 서로 다른 가정에서 자란 남녀(男女)가 만나 사랑을 하고, 결혼을 한다. 혼인 신고를 한 후 부부생활을 하며, 때가 되면 자녀도 갖는다. 이렇게 이룬 가족에 가부장제라는 것이 작동된다.

  이런 질서는 스스로 만들어 낸 것이 아니라 창조주로부터 온 것이다. 도덕은 인간이 사회생활을 하면서 기본적으로 지켜야 할 덕목 또는 도리(道理)이며, 윤리는 인간이 지켜야 할 가장 기본적인 규범이다.

  하지만, 현대 사회에서는 이런 잣대가 한마디로 고무줄 수준이다. 귀에 걸면 귀걸이, 코에 걸면 코걸이다.

  머리가 너무 좋아서 그럴까?

  불행히도 좋은 쪽으로 작동하는 경우는 드문 듯하다. 부끄럽지만 우리의 시조인 아담과 하와가 그 대표적인 예이다. 그래서 생각을 안 하느니만 못하다고 한다. 이 말은 결과적으로 생각이 극히 제한되어 있는 동물보다 못하다는 의미이다. 개만 못하다는 핀잔은 결코 틀린 말이 아니다.

  요즘에는 마땅한 도리라는 것도 없다. 이해관계(利害關係)가 얽히면 애도 어른도 없다. 동물적이라고 하지만, 사실 동물도 그렇게는 안 할 것이다. 인간만 개입하지 않으면 아무 문제가 없는 것이 동물의 세계이다.

공자, 맹자, 노자, 장자 등 많은 위인이 있지만, 인간 세계에 대해 그들이 내린 결론은 한마디로 "골치 아프다"이다. 그래서 인간은 답이 없다는 것이다. 법이 많으면 많을수록, 촘촘하면 촘촘할수록 그만큼 죄의 종류만 많아지고, 고도화될 뿐이다. 그저 지키는 시늉만 할 뿐이다. 다들 윤리와 도덕이라는 베일로 그럴듯하게 가려 놓고, 아닌 척하며 음탕(淫蕩)을 즐긴다.

자신의 창조주도 부정하는 피조물에게 더 이상 무엇을 기대한단 말인가!

윤리와 도덕이 고무줄 수준이라는 말은 바로 그런 의미이다. 윤리와 도덕의 가장 중요한 근간인 결혼, 출산, 가부장제가 무너진 지 벌써 오래다.

法과 질서

법(法)과 질서(秩序)가 비슷한 의미로 사용되고 있지만, 사실은 질서가 더 상위의 개념이다. 질서를 떠받치고 있는 것이 법과 원칙이기 때문이다.

남자와 여자, 낮과 밤, 사계절, 지구의 자전과 공전, 태양과 달을 비롯한 우주의 질서, 만물의 생성과 소멸, 중력(重力)의 법칙 등 '자연의 이치(理致)'가 법보다 우선인 질서의 가장 좋은 예이다. 이것을 한마디로 '창조 질서'(욥 38-41장)라고 한다.

　인간이 만든 헌법, 법률 같은 것은 사실 엄격한 의미에서 질서가 아니다. 공정하고 정의롭게 법을 집행한다는 법원, 검찰, 경찰 이런 기관들도 마찬가지다.

　이러한 것들은 창조 질서를 바탕으로 한 것으로, 인간의 공동체 생활을 유지하는 데 불가피한 규범이나 약속에 불과하다. 원리 원칙이라고는 하지만, 진리가 아니라 지극히 상대적이고, 가변적이다. 불완전하며, 다수결로 얼마든지 변경이 가능하다. 자연의 이치와는 비교도 안 된다. 동물의 법칙도 명확하다. 인간의 법만 고무줄인 셈이다.

　창조 질서에 반하는 불완전한 법도 문제지만, 그마저도 정의롭고 공정하게 집행되지 않는다는 것이 더 큰 문제다. 그저 돈 있고 힘 있는 사람들에게만 유리하게 작동할 뿐이다. 동물에게는 뇌물도, 아부도, 불공정도 없다. 기면 기고 아니면 아니다.

이런 점에서도 동식물은 결코 인간보다 못하지 않다. 시대가 아무리 흘러도 동식물은 창조 질서에 순응하며 잘 살아가고 있다. 인간의 탐욕으로 인해 생태계가 교란되고 파괴되는 경우를 제외하면 말이다.

인간은 자유와 편의, 평등, 인권을 핑계로 창조 질서를 마구 무너뜨려 왔다. 동물이 보기에 기가 찰 듯하다. 현대 인간은 모두 훗날 환경 오염과 파괴의 주범으로 하늘나라의 법정에 서게 될지도 모르겠다.

과학과 기술

인간의 과학과 기술의 발전은 실로 감탄을 자아낼 만하다. 가장 일상적인 예로는 스마트폰이 있다. 거의 미니컴퓨터 수준이다. 이것 하나로 전화는 물론, 사진과 동영상 촬영 및 편집, 문서 작성 및 편집, 인터넷, 은행 결제 등 못 하는 것이 없다. 버스 정류소에는 실시간 버스 도착 정보를 알려 주는 단말기는 기본이고, 어떤 데에는 의자에 온돌 장치까지 되어 있다. 횡단보도 앞에 햇빛과 비를 차단하는 가림막이 설치되어 있는 곳도 많다.

동물이 사는 세계는 과학과 기술이 전혀 필요 없다. 동물은 인간과는 달리 딱 필요한 만큼만 가지기 때문이다. 인간은 첨단 과학과 기술 때문에 똥을 싸고, 그것들로 다시 똥을 치운다고 해도 과언이 아니다. 그러고는 위대하다고들 난리다. 어이가 없다. 인간이 다 망가뜨리고 다시 청소하고는 우쭐대고 있으니, 동물이 고개를 갸우뚱할 일이다.

　현대 과학과 기술을 보고 있노라면, 나도 모르게 입이 떡 벌어지는 것이 사실이다. 그런데도 그것이 인간 본연의 삶에 유익한지 질문을 받는다면, 확실히 "그렇다!"라고 고개를 끄덕이기는 어려울 듯하다. 과학과 기술 자체보다 '무엇을 위한' 문명의 이기(利器)인가가 중요하기 때문이다.

학문

　동물은 학문을 하지 않는다. 연구하고, 실험하고, 기록을 남기고, 지식을 축적하고 응용하는 존재는 인간밖에 없는 듯하다. 학문은 논리를 근거로 한다. 다른 사람이 내린 결론을 바탕으로 새로운 학설을 추론하는 식이다.

그러나 인간의 학문은 지극히 불완전한 체계이다. 인간은 논리라는 말을 되게 신뢰하지만, 논리라는 것도 어느 정도 신뢰할 수 있을지 사실 불완전할 따름이다. 오류가 발생하기 쉬운, 취약한 구조라는 것이다. 지식을 쌓고, 연구하고, 새로운 결론을 도출하는 것이 매우 흥미롭고 유용한 부분이기는 하지만, 어떤 측면에서 보면 이것도 한낱 유희에 불과할 수 있다. "너무 폄훼하는 것이 아닌가?" 할 수도 있겠지만, 궁극적으로 그렇다는 의미이다.

"학문이라는 것이 도대체 인간에게 어떤 유익을 가져다주는가?"

"인간이 사칙연산을 할 수 있을 때와 그렇지 못할 때 무슨 차이가 있는가?"

이런 질문을 해 볼 때, 나는 "별 차이가 없다"라거나 "모를 때가 더 낫다"라고 답할 수밖에 없다. 학문을 해 본 적이 없는 동물이 인간보다 더 훌륭하다는 뜻이다. 박사보다는 석사가, 석사보다는 학사가, 학사보다는 아예 대학을 구경해 본 적이 없는 사람이 더 낫다는 말이다.

최상의 상태는 아마도 학교라고는 구경해 본 적이 없는 경우가 아닐까?

너무 비관적인가?

물론, 제도권 속에서는 받아들이기가 쉽지 않겠지만, 제도권을 조금만 벗어나서 생각해 본다면 공감이 그리 어렵지 않을 것이다.

그렇다고 모든 학문을 부정적으로만 보는 것은 아니다. 인간에게 학문할 수 있는 특별한 두뇌를 허락하신 분도 하나님이시기 때문이다. 단지 무엇을 위한 학문인가가 중요하다는 의미이다.

철학

철학은 인생을 이해하는 데 많은 도움을 주는 듯하지만, 알고 보면 뜬구름 잡는 이야기가 많다. 개똥철학이 가장 어울리는 이름이다. 철학은 말만 하지, 결론에 대해서는 아무런 책임도 지지 않는다. 아니면 말고 식이다. 신이 살았다고 하기도 하고 죽었다고 하기도 하지만, 그에 대해 책임지는 철학자는 아무도 없다. 물론, 책임질 수도 없다.

현대 철학은 그야말로 가장 인본주의적인 산물이라고 할 수 있다. 가장 고상한 척하지만, 실은 말장난에 불과한 경우가 많기 때문이다.

물론, 철학의 무용론(無用論)을 주장하는 것은 아니다. 철학의 속성이 그렇다는 의미이다. 그중에 바른 사상, 일리가 있는 사상, 매우 의미 있는 사상도 있다.

  그러나 대부분은 허무맹랑한 것들이다. 부분적으로 훌륭하다 할지라도 궁극적으로는 어디로 흘러갈지 모르기 때문에, 때에 따라서는 상당히 위험할 수도 있다는 의미이다. 철학이 아무리 고상한 학문이라 하더라도 그 출발점이 인간[9]이기 때문에 창조주 측면에서 보면 근본적인 한계가 있을 수밖에 없으며, 궤변(詭辯)의 위험성이 큰 것이 사실이다.

예술

  예술은 인간의 가장 고상하고 값비싼 장난감 중 하나이다. 예술을 위한 예술은 경계[10]가 비교적 명확한 듯하다. 예술의

---

9 "철학은 신학의 시녀다"라는 말도 있듯이, 철학은 신학으로부터 시작되었다는 것이 나의 기본적인 입장이지만, 서서히 변해서 현대에는 인간 중심이 되었다는 의미이다.
10 '인간 정서에 유익을 주는가, 그저 개인의 욕구를 채우는 용도인가'라는 의미에서.

출발점은 자연이고, 신앙 행위와 밀접한 연관이 있어 보이지만, 전반적인 방향은 이미 철학과 크게 다르지 않은 듯하다.

예술의 원리는 창조 질서에 근거를 두고 있음이 분명하다. 예술은 창조 질서에 부합해야 하며, 어떤 것이든 인간의 정서에 유익한 것이어야 한다고 본다.

초기 서양의 문학, 건축, 미술, 음악 등은 상당 부분 그러한 목적과 방향성에 일치했지만, 근대 이후부터는 현저하게 인본주의적 방향으로 흘러간 것이 사실이다. 예술가의 창의성을 고려한다고 하더라도 그 정도가 너무 지나치다는 생각이 든다.

다양성이라는 것도 매우 유용하지만, 창조 질서를 거부하는 형태라면 문제가 될 수밖에 없다. 나도 예술가 중 한 사람이지만, 일탈하는 것을 그저 방관(傍觀)할 수만은 없다. 접근 방법과 표현 방식은 예술가에 따라 다소 다를 수 있겠지만, 창조 질서라는 큰 틀 안에서 이루어져야 한다는 것은 누구도 부정할 수 없는 대원칙이다. 물론, 여기에 동의하는 사람이 많지는 않겠지만 ….

예술의 출발점이 자연의 모방이었고, 창조 질서를 근간으로 하는 것이니만큼, 최소한 이 원리와 원칙은 벗어나지 않아야 한다. 그렇지 않다면 예술은 한갓 인간의 사치나 고상한 놀이, 인간의 타락을 부추기는 불쏘시개에 불과한 것이다. 인간이 할 수 있는 가장 고상한 행위[11]인 예술이 단지 예술가의 빼어난 감각과 기술을 자랑하는 수단이나 놀이 도구는 아니라고 본다.

합목적적이지 않은 것은 그것이 무엇이든, 한갓 기술 나부랭이에 불과하다. 현대 예술은 어느덧 인간의 가장 고상하고 값비싼 장난감 중 하나가 되어 버린 듯하다. 예술이 길 잃은 인간을 더 헤매게 만드는 도구로 전락하는 것은 아닌지 심히 걱정스럽다.

종교

이 세상에는 미신, 유교, 불교, 도교, 힌두교, 이슬람교, 유대교, 천주교, 개신교 등 다양한 종교가 있다. 동물에게는 영혼도 없고 종교도 없다. 이것이 인간과 동물의 결정적인 차

---

11 특히, 음악은 창조주 하나님이 가장 기뻐하시는 예술이다.
"내가 노래로 하나님의 이름을 찬송하며 감사함으로 하나님을 위대하시다 하리니 이것이 소 곧 뿔과 굽이 있는 황소를 드림보다 여호와를 더욱 기쁘시게 함이 될 것이라"(시 69:30-31).

이점이다. 그래서 동물은 인간의 다스림을 받을 수밖에 없다. 대표적인 것이 소, 말, 돼지, 개, 염소, 토끼, 닭, 오리 같은 가축이다.

인간은 그들의 시조인 아담과 하와부터 창조주를 거역함으로, 에덴동산으로부터 추방되었다. 하지만, 완전히 단절된 것은 아니었다. 에덴동산 바깥에서도 여전히 창조주를 섬겼다. 그러나 인간은 창조 목적과는 달리 점점 창조주와 멀어져만 갔다. 죄(罪) 때문이다.

그 허전함과 불안함을 달래기 위해 인간은 우상을 만들고 숭배하게 되었다. 이것이 많은 종교의 출발점이다. 창조주가 가장 싫어하는 것이 우상 숭배[12]이다. 가장 심각한 일탈이다. 인간의 끝없는 타락에도 창조주는 이스라엘 백성을 택해서 에덴동산 이전으로의 회복을 약속하고 이루어 가신다. 이스라엘 백성이 애굽(이집트)을 탈출하여 홍해를 건너 가나안 땅에 들어간 것이 그 대표적인 사건이다. 이 약속은 예수님의 탄생과 십자가 형틀에서의 죽음으로 완전히 성취된다.

■
12 십계명을 축약하면 아마 "우상 숭배 하지 말라"가 될 것이다. "너는 나 외에는 다른 신들을 네게 두지 말라"(출 20:3). 이것은 십계명 중 첫째 계명이다. 우상 숭배를 다른 말로 '음행'이라고도 한다.

다양한 종교와 우상은 창조주를 잃어버린 인간이 의지하려고 스스로 만들어 낸 사상이요 형상이다. 구약 시대 이스라엘 백성도 수없이 우상을 만들고 숭배했으니, 창조주를 모르는 이방 민족이야 두말할 필요도 없다.

신약 시대 이후 이스라엘 백성은 창조주의 외아들인 예수를 메시아(구세주)로 인정하지 않으므로—그들은 여전히 자신들의 메시아를 기다리고 있다—더 이상 그들의 조상 아브라함을 잇는 약속의 주인공이라고 보기 어려운 처지에 놓이게 되었다. 그 바통은 사도 바울을 통해 이방 민족에게로 넘어가게 되었는데, 그것이 기독교이고, 루터의 종교개혁 이후에는 개신교로 이어지고 있다.

유교, 불교, 도교, 힌두교 등 다른 종교들은 다 그 사이 어디쯤 있는 종교이다. 이런 종교들과 기독교의 결정적인 차이는 단 하나이다. 기독교를 제외한 다른 종교들은 하나같이 창조주를 인정하지 않으며, 다들 창조주 밖에서 답을 찾고 있다. 그래서 자연히 우상 숭배를 하게 된다.

말하자면, 피조물이 진짜 아버지는 버리고, 엉뚱한 데서 자신의 아버지를 찾고 있는 셈이다. 다른 동물이 이것을 보고 어떻게 생각할지 민망할 따름이다.

자연재해

지구상에는 홍수, 가뭄, 폭설, 지진, 전염병, 태풍, 해일, 산불, 폭염, 한파 등 수많은 종류의 자연재해가 발생한다. 이런 자연재해가 인간에게는 그저 막대한 피해만 안겨 주는 성가신 불청객에 불과하겠지만, 창조 질서라는 측면에서는 최후의 보루라고 할 수 있을 것이다. 말하자면, 창조주가 인간에게 보내는 경고장 같은 것이다.

야생 동물이 농가나 시내에 출몰하는 현상도 마찬가지이다. 자연환경 훼손, 오염, 파괴, 생태계 교란 등 그간 인간이 자연과 동물에게 해 온 부당한 행위에 대해 저항하고 경고하는 것이다.

이런 행위가 계속되면 어떤 재앙이 올지 가늠하기 어렵다. 핵무기를 만들고, 달나라에 우주선을 보내고, AI(인공지능)를 만들고, 자율 주행을 하고, 스텔스기(스텔스 기술, 즉 레이더에 포착되지 않게 만든 항공기)를 띄우는 등 대단한 것 같지만, 코로나19 때문에 3년가량 속수무책으로 당한 것이 인간의 과학과 기술의 실상이다. 그뿐만 아니라 지금도 지구 곳곳에서는 참혹한 기상 이변 현상이 수없이 발생하고 있다.

창조 질서를 무너뜨리는 현상은 자연환경에서도 심각하지만, 윤리와 도덕에서는 더 심각하다. 가부장제를 부정하고, 결혼과 출산을 기피하고, 동성애, 동성결혼을 자행하며, 남녀 성(性)을 임의로 결정하고 성전환 수술을 하는 것이 그 대표적인 현상이다.

그야말로 막장이다. 인간이 동물보다 우월하기는커녕 동물 보기에 그저 부끄러울 따름이다. 이것도 결국 인간의 탐욕과 오만이 빚어낸 결과물이다.

점점 인간을 닮아 가는 애완동물

불행하게도 지금 많은 애완동물이 어리석은 인간의 전철(前轍)을 그대로 따라가고 있다. 물론, 동물이 스스로 선택한 것은 아닐 것이다. 인간의 어리석은 생각으로 인해 피해를 보는 것이다.

인간은 애완동물에게도 꼭 자신들처럼 옷을 입히고, 먹이고, 유모차에 태워 다니고, 병원에 데려가고, 미용실에도 데려가고, 죽으면 엄숙하게 장례식까지 치러 준다. 얼마 전 신문에서 보니까 부고(訃告)도 돌리고, 조의금(弔意金)도 받는다고 한다. 동물을 인간처럼 만들고 있다. 심지어는 동물을 자녀라고 부르고, 가족이라고 하기도 한다. 말세는 말세다. 앞으로 어디까지 갈지 모를 일이다.

동물을 인간처럼 만들려는 사람들을 보면 마치 자신도 소경이면서 소경을 이끌려는 바리새인처럼 보인다. 동물이 불쌍하다. 부자가 나사로를 불쌍히 여기는 것이나 다름없다. 이것은 결코 동물을 위한 것이 아니다. 인간의 어설픈 환상이요 자기만족일 뿐이다.

동물을 인간에게서 해방해, 속히 그들의 세계로 돌려보내야 한다. 동물에게는 인간을 벗어나는 것이 가장 큰 행복일 것이다. 그리고 인간도 속히 인간의 자리로 돌아와야 한다. 동물은 동물다워야 하고, 인간은 인간다워야 하지 않겠는가.

물고기

어느 날 남매지[13]에서 물고기가 노니는 것을 구경한 적이 있다. 처음에는 늘 하듯이 조깅(jogging)을 한 후 생각을 비우

---
13 경북 경산시 계양동에 있는 저수지.

려고 연못을 이리저리 구경하고 있었는데, 계속 관찰하다 보니 물고기의 움직임이 눈에 들어왔다. 참 신기했다. 꼬리를 살랑살랑 조절해 방향을 조정하고 앞으로 나가는 모습, 꼬리의 움직임, 지느러미의 움직임, 몸통의 움직임이 얼마나 섬세한지, 또 얼마나 자연스러운지 감탄이 절로 나왔다.

반투명으로 보이는 물고기의 몸체는 신비스러움을 더했다. 살랑살랑 유유히 움직이기도 하지만, 어떤 때는 로켓처럼 급발진해 쏜살같이 움직이기도 했다. 그러나 하이라이트(가장 흥미 있는 장면)는 브레이크였다.

급브레이크!

가다가 갑자기 정지하는데, 마치 동영상을 재생하다 일시정지한 것 같았다. 어떻게 그렇게 갑작스럽게 정지할 수 있는지, 그러면서도 어떻게 흔들림도 없고 자연스러운지, 그리고 어떻게 사진처럼 정지한 상태로 지속할 수 있는지, 그야말로 입이 딱 벌어졌다. 가다 섰다 하는 것이 너무 신비스러웠다. 황홀하기까지 했다. 너무 정교하고 섬세했다.

인간은 감히 흉내도 낼 수 없을 것 같다. 갑자기 인간이 작아지는 듯하다.

이런 것이 창조의 신비인가?

자동 인생

살면서 가장 이해하기 어려운 것은 '목적 없이 살아가며 행복해하는 인간의 모습'이다. 돈이 많아서, 건강해서, 오래 살아서, 성공해서, 좋은 자동차를 사서, 큰 아파트를 사서 행복하다고 한다. "왜?"라는 맥락 없이 말이다.

일시적으로, 부분적으로는 목적 없이 여행하거나 드라이브하거나 산책하거나 빈둥거릴 수 있겠지만, 인생 전체를 놓고 볼 때는 결코 그럴 수가 없다. 그런데 아이러니하게도 사람 대부분이 그렇게 살아가고 있는 듯하다. 전체를 읽는 안목이 그래서 중요하다.

많은 이가 어떤 신뢰할 만한 기준이나 잣대도 없이 선하다고 하고 악하다고 하고, 옳다고 하고 그르다고 하고, 행복하다고 하고 불행하다고 하고, 좋다고 하고 나쁘다고 하고, 잘한다고 하고 못한다고 한다. 그야말로 마음대로다. 무엇을 근거로 그러는지 도무지 이해가 안 된다.

통찰(洞察)이 제대로 작동되지 않아서 그런 것일까?

"부어라, 마셔라, 즐겨라!"

이것이 인본주의요 상대주의요 허무주의이다.

그야말로 자동 인생이다. 태엽이나 배터리로 움직이는 로봇처럼 …. 로봇은 그래도 만든 사람의 목적에 따라 움직인다. 그러나 현대인은 근원이나 뿌리에 대해서는 전혀 인식도, 관심도 없는 듯하다. 인생의 고통과 불안, 행복에 대해 조금이라도 안다면 그럴 수 없을 텐데 ….

자동 인생?

참 이해하기 어렵다.

찌꺼기 같다고 생각할 때

인간은 병들었을 때가 가장 겸손하고, 진솔한 모습에 가까운 듯하다. 그 병이 암(癌)이든, 치매든, 반신불수든, 몸살이든, 중병이든, 혼수상태든, 정신병이든, 신경증이든 무엇이 되었든 말이다.

질병만 해당하는 것이 아니다. 빈털터리가 되었든, 폭삭 망했든, 심한 조롱을 당했든, 초라하든, 볼품없든, 무기력하든 한마디로 자신이 만물의 찌꺼기(고전 4:13) 같다고 생각될 때 비로소 인간이 무엇인지, 하나님이 누구신지, 예수님이 누구신지, 거룩이 무엇인지를 제대로 돌아볼 수 있다.

건강하고, 행복하고, 능력 있고, 힘 있고, 존경받고, 모든 일이 잘될 때는 대개 제정신이 아니다. 그때는 그야말로 거품에 춤추며, 아무것도 눈에 들어오지 않는다. 그래서 인간에게는 엎어지고 넘어지고 깨지고 고통스러운 것이 필요하며, 그것은 또한 매우 값진 기회가 된다.

물론, 오해해서는 안 된다. 찌꺼기나 고통이 값지다고 하는 것은 무조건 깨지는 인생이 값지다는 의미가 아니다. 아무리 깨지고 터지더라도 자신의 죄로 말미암거나 자신의 야망을 위한 것이거나 자신의 자랑을 위한 것이라면, 아무런 의미가 없다. 그런 삶은 말 그대로 찌꺼기 인생일 뿐이다.

그런 연약함이나 고통이 하나님의 섭리에 의한 것이며, 하나님께로 돌아오기 위함이거나 하나님의 영광을 위한 것이어야 진정으로 값지다(빌 1:21). 인간의 눈에는 비록 찌꺼기같이 보일지 몰라도 말이다.

답 없는 인간

인간은 우리가 알고 있는 것처럼 그렇게 위대한 존재가 못 된다. 학문, 과학, 기술, 예술을 보면 인간이 위대하다고 하는 것이 완전히 틀린 말은 아니다. 고개가 끄덕여지는 부분이 많다. 컴퓨터, 스마트폰, 인공지능, 첨단 의학 등은 참 놀랍고 대단하고 위대하다. 그러나 거기까지다. "그래서 동물보다 나은 것이 무엇인가?"라고 반문한다면 답하기가 쉽지 않다. 그저 자기가 싼 똥을 치우는 것 외에 딱히 내세울 것이 없다.

동식물은 철저히 창조 질서, 자연, 생태계의 원리에 순응하고 있다. 태어나서 죽을 때까지 예외가 없다.

슬프게도 인간이 위대하다고 하는 것은 언제나 인간이 악(惡)하다는 것으로 귀결될 뿐이다. 인간도 처음부터 그러지는 않았을 것이다. 옛날로 거슬러 올라갈수록 창조 질서에 더 충실했다는 사실만 보더라도 충분히 짐작이 가능하다.

큰 것, 높은 것, 넓은 것, 오래가는 것에 욕심부리다 보니, 점점 창조 질서를 벗어나는 쪽으로 흘러간 것이다. 비닐, 나일론, 플라스틱이 대표적인 증거물이다. 어떤 동물도 인간처럼 생태계를 거스르며 악한 일을 저지르지는 않는다. 인간의 그런 악행은 끝이 없다.

인간이 과연 동식물보다 위대한가?

인간은 오래전부터 길을 잃었다. 더 심각한 것은 길을 잃었다는 사실조차 모른다는 것이다. 그래서 답이 없다.

부산으로 질주하면서 서울로 가고 있다고 확신한다면 도대체 어떻게 이해해야 할까?

인간이 자연과 동물보다 나은 것이 무엇인가

인간을 값비싸다고 표현한 이유는, 이렇게 효용 가치가 적은 인간에게 드는 비용이 다른 동물에 비해 터무니없이 비싸기 때문이다. 그러나 그보다 더 본질적이고도 중요한 또 다른 이유는, 그런 인간을 구원하는 데 창조주의 유일한 아들을 희생시킬 만큼 엄청난 비용이 지불되었기 때문이다. 그 비용을 지불하신 분이 바로 만물의 주인(主人)이신 창조주 하나님이시다. 그래서 그것을 '값비싼 은혜(恩惠)'라고 하는 것이다.

인간은 역사 이래로 엉덩이에 뿔이 난 망아지처럼 창조 질서와는 정반대 방향으로 달려왔다. 인간은 그 나름대로 뛰어난 지식, 기술, 지능으로 답을 찾으려고 무척 애써 왔지만 그럴수록 답과는 점점 더 멀어져만 갔다. 이러한 사실도 모르면서 열심히 질주한 것이다.

그런데도 인간이 자연이나 동물보다 더 위대한 것이 있다면 그 이유는 단 한 가지밖에 없다. 주인(主人)을 안다는 것이다. 주인을 안다는 것, 이것은 피조물이 창조주를 알아본다는 것, 아들이 아버지를 알아본다는 것이다. 신약성경 누가복음 15장에 나오는 탕자가 바로 그렇다. 탕자가 우리보다 나은 것은 온갖 파렴치한 악(惡)을 행하고도, 돌아와 회개하고 아버지를 아버지로 인정했다는 것이다.

우리는 확실히 탕자보다 못하다. 이것이 안타까운 지점이다. 인간이 자연이나 동물보다 나은 유일한 조건을 가졌는데도 그렇게 하지 못한다는 것이 너무 속상하다.

형제자매여, 이제는 창조주 하나님께로 돌아가자!

이 말을 하기 위해 이렇게 둘러 왔다.

예배한다는 것

나에게 중요한 일이 많이 있지만, 가장 중요하게 여기는 것은 창조주 하나님께 예배하는 것이다. 하나님을 만나고, 하나님을 찬양하고, 하나님의 말씀을 읽는 것이다. 나에게 가장 행복한 일도 창조주께 예배하는 것이다. 내가 가장 하고 싶은 것도 창조주께 예배하는 것이다. 나에게 전도는 하나님께서 예정하신 참된 예배자를 찾는 일이다.

인간의 지식 중 가장 대단한 지식은 창조주 하나님을 아는 것이다. 곧 하나님께서 만물의 주인(主人)이심을 아는 것이다.

인간이 하는 행위 중 가장 아름답고 값진 행위는 '하나님께 예배하는 것'이다. 인간이 하는 행위 중 가장 겸손한 것은 '하나님께 기도하는 것'이다. 예배도, 기도도 하나님 외에는 아무 소망이 없다고 고백하며 하나님 앞에 납작 엎드리는 행위이다.

진드기

인간은 진드기처럼 어딘가에 쉽게 달라붙는 습성이 있다. 어딘가에 달라붙은 후에는 쉽게 자기 세계에 갇혀 버린다. 그것이 아집이요 편견과 선입견이다. 인간은 영악하다. 그래서 어리석고 미련하다. 그러기에 쉽게 교만해진다. 자기의 한계에 스스로 고립되기 때문이다.

전체를 제대로 보는 인간은 결코 교만할 수가 없다. 고장 난 인간이 아니면 교만할 수가 없다. 교만하기가 어렵다.

그러나 누구나 우물 안에 갇히게 되면 쉽게 왕(王)이 된다. 자기 외에는 아무것도 안 보이기 때문이다. 아는 것이 없을수록 자신감이 더 강해지고 무모해진다. 두리번거리다가 기회만 있으면 그럴듯한 것에 착 달라붙는 것이 인간의 속성이요, 오래된 고약한 버릇이다.

이 세상에는 생각보다 많은 진드기가 있다. 개똥철학이 그들의 양식(糧食)이다. 잘못 달라붙었으면 빨리 떨어질 줄도 알아야 하는데 그렇지 못하다. 본래 자리로 돌아오는 것만이 유일한 답이다.

제2장

다시 쓰는 윤리학

첫 장 〈값비싼 인간〉을 답답한 마음으로 끝맺어서 가슴이 아프지만, 당신의 여행이 어땠는지 궁금하다. 아마 기분이 썩 좋지는 않을 것이다.

서두에 이미 언급했듯이 이제부터는 먹구름이 조금씩 걷히게 될 것이므로, 나를 믿고 따라오기를 바란다.

이번에는 윤리에 대해 몇 가지를 생각해 보려고 한다. 하나님께서 주신 창조 질서가 주로 도덕과 윤리의 형태로 나타나므로, 제한적이기는 하지만 몇 가지 주제를 살펴보는 것만으로도 중요한 실마리가 되리라고 본다.

그럼 첫 번째 주제인 꼰대부터 슬슬 풀어 보자!

꼰대

언젠가부터 '꼰대'라는 용어가 등장했다. 그것도 부정적인 의미로 말이다. 그러더니 꼰대가 학교, 사회, 가정 모든 분야에서 꺼리는 존재가 되기 시작했다.

꼰대는 은어(隱語)로 '나이 많은 사람' 또는 '선생'이라는 의미로 쓰인다고 한다. 옛날의 어른이나 선생님처럼, 무엇을 훈계하고 지시하고 가르치고 지적하면 꼰대라고 한다.

물론, 그런 기능에는 부정적 측면도 있기는 하지만, 긍정적 측면이 더 많다. 사실 지금 이 시대에는 진정한 꼰대가 필요하다. 나와 아무런 이해관계도 없지만 잘못된 것을 보면 호통칠 수 있는 그런 꼰대가 필요하다는 말이다.

그러고 보니 이 세상에서 가장 큰 꼰대는 하나님이요, 꼰대 교과서는 성경인 듯하다. 이것은 우스갯소리가 아니라 매우 중요한 이야기다. 꼰대의 행위로 정의(定義)되는 모든 근거는 사실 성경을 바탕으로 하기 때문이다. 윤리, 도덕이라는 것도 성경에서 나왔다(출 20-23장). 권선징악(勸善懲惡)이 그 대표적인 예다. 시편만 보더라도 그 증거는 충분하다.

윤리와 도덕이 무너지니 자연스럽게 질서가 무너지고, "법과 질서가 왜 필요해?"라는 말도 나온다. 간섭받기 싫어하고, 통제받기 싫어하는 신세대 젊은이는 당연히 꼰대라는 말을 즐겨 사용한다. "내가 알아서 할게요!"라고 둘러대지만, 실상은 알아서 하는 경우가 거의 없다.

책임감이 희박한데 어떻게 책임을 지겠는가!

모든 것은 핑계요 면피용(免避用)일 뿐이다. 어른도, 선생도 필요 없으니 자기 마음대로 하겠다는 뜻이다.

인간에게 창조주는 그저 거추장스러운 꼰대일 뿐이다. 성경은 꼰대가 지시해 놓은 허무맹랑한 교과서에 불과하다는 것이 현대인의 인식이다. 그런 인식이 인본주의요 자유주의 신학이다. 한마디로 간이 배 밖에 나온 것이다.

현대에 꼰대가 더 절실한 것도 바로 그런 이유에서다. 배 밖에 나온 간을 도로 집어넣어 줄 위인은 아무래도 꼰대밖에 없기 때문이다.

미쳐 날뛰는 망아지에게는 더 강력한 중력(重力)이 필요하다. 법과 질서를 존중할 줄 모르는 인간에게 자유란 그저 독이 될 뿐이다. 그래서 꼰대가 더 절실하다는 것이다. 아이나 학생이 망아지처럼 미쳐 날뛸 때 구해 줄 수 있는 유일한 존재는 어른과 선생님, 즉 꼰대밖에 없다.

가족

 가족(家族)이란 혼인과 혈연으로 맺어진 공동체이다. 인류의 조상인 아담과 하와만 보더라도 결혼은 매우 중요한 제도이다. 결혼을 통해 가족이 이루어지고, 가족이 확대된다. 그 밖에 양자(養子)를 들이는 입양도 있다.

 가족은 부부(夫婦)를 중심으로 이루어지는 가장 작은, 그러면서도 가장 근본적이고 가장 중요한 공동체이다. 임의로 구성하거나 변경할 수 없는 공동체이기도 하다. 가족의 중심은 부부이고, 가족의 어른이자 가장(家長)은 남편이요, 아버지이다. 말하자면, 가장은 권위와 책임으로 가족을 이끌어가는 가족의 대표이다. 이것이 가부장제(家父長制)이다.

 이런 근간(根幹)도 마음대로 없애 버리려고 하는 곳이 현대 사회이다. 인간이 손댈 수 있는 것이 있고 손댈 수 없는 것이 있다면, 부부와 가족과 가부장제는 인간이 손댈 수 있는 영역이 아니다. 이런 것들은 취향이나 효용성이나 시대성을 근거로 폐기하거나 변경할 수 있는 것이 아니라는 말이다.

 이런 가족 체계나 질서를 부정하거나 임의로 변경하는 것은, 마치 물을 아래에서 위로, 거꾸로 흐르게 하는 것과 같다.

人 어른

 안타깝게도 지금 이 시대는 가족 질서가 흔들리면서 어른에 대한 인식도 흐릿해져 버린 듯하다. 여기에는 분명히 어른이나 권위를 가진 사람들의 잘못도 한몫한다. 그렇다 하더라도 어른에 대해 되돌아보는 것은 매우 중요하며, 또 꼭 필요한 일이라는 생각이 든다.

 인류는 역사 이래로 오랫동안 어른에 대한 공경심을 갖고 있었으며, 이것은 오랜 전통이요 인륜이기도 하다. 이러한 윤리 의식은 성경에서 비롯되었으며, 그 출발점은 가족이다.

 그렇다고 해서 나이 많은 사람에게 존댓말을 하라거나, 나이 많은 사람의 의견이 무조건 정당하다고 주장하려는 것은 아니다. 질서에 관한 이야기를 하려는 것이다. 나이 든 사람, 권위가 있는 사람을 존중하는 것은 매우 중요한 윤리이다.

 나이, 지위라는 것은 인간 사회에서 특별한 의미를 지닌다. 현대 사회는 대개 능력이 지배하지만, 윤리적으로는 능력이 아니라 나이나 지위가 기준이라는 말이다. 이것은 사실 가장 근본적이며 가장 중요한 질서이다. 하나님께서 그렇게 창조하셨고, 그렇게 터를 닦아 놓으셨기 때문이다. "왜, 왜?"라며 말이 안 된다고 생각하는 사람도 있겠지만, 인간 사회에서는 중요한 것일수록 이렇게 말이 안 되는 경우가 많다. 합리적인 것을 초월하는 것이다. 말하자면, 인간이 정하기 전에 정해져 있는 질서라는 것이다.

그러나 현대인은 이런 것을 잘 이해하지도 못하고, 수용하지도 못한다. 정확히 말하면, 할 수만 있으면 권위와 질서를 거부하고 반항하려 든다. 자유, 인권, 평등, 해방이라는 이름으로 그저 질서를 무너뜨리기에 바쁘다. 이로운지 해로운지도 모르는 듯하다. 꼰대라는 말도 그런 부정적인 시각에서 나온 용어이다.

하지만, 권위와 질서를 존중하지 않고 반기를 드는 것은 창조 질서를 거스르는 행위이다. 이는 무지하며, 매우 위험하다. 누구나 불장난은 할 수 있지만, 잿더미가 되는 것은 오롯이 자신의 몫이라는 사실을 잊어서는 안 된다.

어른을 공경하라는 것은 그저 낡아 빠진 권위의식에 맹종하라는 의미는 아니지만, 인간이라면 나보다 높은 권위를 존중하고 순종할 줄도 알아야 한다. 이것은 하나님께서 정해 놓으신 질서이다.

이해관계나 능력의 유무에 따라 상대를 대하는 데 익숙한 현대인은 권위를 그저 불평등, 착취로만 이해하려고 한다. 어른도 그렇게만 바라본다. 어른을 그저 힘들게 하고 불편하게 하는 존재로만 여긴다. 일리가 있다. 그러나 그래서 놓치는 것이 있다. 똑똑하고 합리적인 것을 넘어서는 것이 어른이나 권위를 가진 분들의 역할이다.

거부감이나 반항심이 생기는 것도 그 때문이다. 그러나 권위의 의미를 제대로 아는 사람이라면 그럴 수 없다. 그런 사람은 고개를 숙일 때를 알고, 고개를 숙일 줄도 안다. 선택할 수 있는 성질의 것은 아니지만, 굳이 말하자면 그렇게 하는 것이 최선의 최상의 선택이라고 인정한다.

복종, 순종, 운명, 숙명이라는 말은 권위의 의미를 알고 권위를 존중하는 사람들만 사용할 수 있는 언어이다. 그래서 고귀하고 아름다운 것이다. 그 사람들이 어리석어서 권위를 존중하는 것은 결코 아니다.

가부장제

가부장(家父長)이라는 것은 쉽게 말해 한 가족의 어른을 가리키며, 가장(家長)이라고도 한다. 가족 중에서 가장 큰 권위를 가지며 가족을 책임지는 존재로서 아버지 또는 남편이 그 역할을 하며, 아버지가 돌아가시거나 그 역할을 감당할 수 없는 상황이면 맏아들이 그 역할을 대신하는 것이 일반적이다. 이것은 다수결, 능력 또는 인기로 결정되는 것이 아니다. 이것은 하나님께서 만드신 제도로 우리 조상 아담과 노아, 아브라함으로부터 내려오는 가족 질서이다.

남자는 남자이고 여자는 여자인 것처럼 가부장제도 절대적이다. 남편은 아내와 자녀를 사랑하고, 아내와 자녀는 남편을 공경하는 것이 하나님이 주신 법이다.

시간이 흐르며 가부장의 권위를 오용하고 남용하는 경우가 빈번해지고, 사회적인 물의를 일으키므로 가부장제를 폐기한 나라도 많이 있다. 하지만, 이는 가족 구성원들의 문제이지 가부장제의 문제는 아니다.

가부장제를 폐기한다는 것은 신에 대한 월권행위이다. 가부장제뿐만 아니라 인간이 개입되는 어떤 제도도 부작용이 없을 수는 없다. 역사 이래로 내려오는 이 전통은 결코 남녀평등이나 인권이 개입될 문제가 아니라는 것을 분명히 인식할 필요가 있다.

우리가 또 하나 알아야 할 것은 민주주의(民主主義), 다수결(多數決)이 결코 완전한 제도가 아니라는 사실이다. 이는 최고의 선(善)이 아니라 차선책일 뿐이다. 따라서 다양한 부작용이 생길 수밖에 없다. 법, 공평, 공정, 평등도 마찬가지다.

안 그러면 싸우고 불평하니까 표면적으로 골고루 나누자는 것이 민주주의이다. 합리적으로 보이는 다수결도 사실 하나님께서 부여하신 권위에 복종하지 않는 인간이 만들어 낸 궁여지책(窮餘之策)에 불과하다. 한마디로 똑같이 나눠 먹자는 것이다. 물론, 힘 있는 사람은 더 가져간다. 그것이 평등과 공평의 실체이다.

가부장제는 합리주의를 초월한 제도이다. 이런 제도를 인간의 얄팍한 이기심으로 짓뭉개 버리는 것은 인간의 치부(恥部)를 드러내는, 참으로 수치스러운 일이다. 그리고 가부장제가 무너진다는 것은 인간 사회의 근간이 무너지는 것이나 다름없다는 사실을 분명히 알아야 한다.

차별

차별(差別)이라는 말은 주로 부정적인 의미로 많이 사용되는 듯하다. 공정하지 않다는 의미이기 때문이다. 차별은 동등한 자격을 갖는 대상에게 정당한 근거 없이 차이 나게 대우하는 것을 말한다.

어떤 경우든 부당하게 차별하는 것은 바람직하지 못하다. 당연한 이야기다. 문제는 아무 데나 차별이라는 말을 갖다 붙이며 오용하는 경우이다.

대표적인 예가 구별(區別)과 구분하지 못하는 경우이다. 차별을 다르게 말하면 불공정한, 또는 불공평한 구별이다. 차별보다 더 우선적인 개념은 구별이다. 그렇지 않으면 차별을 피하려다 구별, 분별에 무감각한 현상을 초래하게 된다. 이는 결국, 설탕물에만 익숙한 인간을 만들게 될 뿐이다.

차별이라는 개념을 이행(履行)하려면 먼저 구별, 분별 능력이 선행되어야 한다. 그래야 차별을 제대로 이해할 수 있고, 또 부당한 차별을 피할 수도 있다.

남자와 여자, 남편과 아내, 선과 악, 좋은 것과 나쁜 것, 옳은 것과 그른 것, 부모와 자녀를 구분하는 것은 차별이 아니다. 구별이요 분별이다. 법을 어긴 사람에게 벌을 주는 것은 차별이 아니다. 남자를 남자라 하고, 여자를 여자라 하는 것은 차별이 아니다. 구별이다. 어떤 종교가 고유의 교리를 주장하고, 타 종교를 비판하거나 전도하는 것은 차별이 아니다. 정당한 것이다. 그 나름의 선한 행위이다. 그렇지 않다면 여러 종교가 필요 없을 것이다.

동성애가 잘못되었다고 하는 것은 차별이 아니다. 일탈을 일탈이라고 하는데 그게 어떻게 차별인가.

성전환이 잘못되었다고 하는 것은 차별이 아니다. 어른을 공경하라고 하는 것은 차별이 아니다. 동등한 조건의 사람에게 차이 나게 대우하는 것이 차별이다.

그러나 대개 물리적으로 동등한 조건은 잘 없으므로, 정확하게 차별을 적용하기란 쉽지 않다. 부모가 건강한 아이보다 아픈 아이에게 더 많은 관심을 가진다고 해서 차별이라고 할 수는 없다. 인간은 기계가 아니다.

인권

우리는 언젠가부터 인권(人權)이라는 단어를 입버릇처럼 달고 산다. 인권을 다른 동물이나 식물, 자연에 대해서 외치는 것은 아닐 것이다. 직접적으로는 인간의 존엄성에 관한 것이고, 같은 인간에 의해 이루어지는 차별, 폭력, 불공정, 불평등에 관한 이야기일 것이다. 그러나 이 고상한 개념이 어느 순간 신권(神權), 즉 신의 권위에 대항하는 의미로 변질되어 버렸다.¹ 인간의 권리(權利)를 찾으려는 데서 출발한 것이, 신의 권위에 반기를 드는 모양새가 되어 버렸다. 원래 의도한 것은 아니겠지만 속성상 당연한 귀결이라 할 수 있겠다.

처음에는 자신의 정당한 권리를 찾으려는 것이었겠지만 어느 순간, 의도치 않게 가족과 학교로 잘못 전이되어 버린 듯하다. 부모에 대해서 자녀가 반기를 들고, 선생님에 대해서 학생이 반기를 들게 된 것이다. 급기야 인권 운동이 신의 권위에 도전하는 형국이 되어 버렸다.

이것은 심각한 오류이다. 그러나 아무도 이것이 잘못된 줄 모르는 듯하다. 세상이 미쳐 돌아간다. 인권이 '모든 권위로부터의 해방'으로 잘못 와전된 것이다.

물론, 대부분의 순수한 자녀들이나 학생들, 여성들이 자의적으로 그런 것이 아니라는 것은 잘 알고 있다. 소수의 불량한 사상을 가진 사람들이 여론을 형성하고, 그런 방향으로 조종해 왔을 것이다. 여하튼 그런 무리에 의해 공론화되고,

---

1 "이 사람아 네가 누구이기에 감히 하나님께 반문하느냐 지음을 받은 물건이 지은 자에게 어찌 나를 이같이 만들었느냐 말하겠느냐 토기장이가 진흙 한 덩이로 하나는 귀히 쓸 그릇을, 하나는 천히 쓸 그릇을 만들 권한이 없느냐"(롬 9:20-21).

법제화되고, 도덕과 윤리가 처참하게 무너져 내리고 있다는 것은 사실이다.

인간은 왜 존엄한가?

창세기 1장 27절로 가 보자!

> 하나님이 자기 형상 곧 하나님의 형상대로 사람을 창조하시되 남자와 여자를 창조하시고(창 1:27).

모든 인간이 존엄한 것은 하나님이 자기 형상대로 인간을 창조하셨기 때문이다. 인간이 위대한 것도 같은 이유이다. 인권은 아무 데나 휘두르는 도깨비방망이가 아니다. 인권은 창조주 하나님에게서 주어진 것이다. 창조주의 권위를 인정하지 않는 인간이 인권을 운운하는 것은 그야말로 어불성설(語不成說)이다.

평등

인간은 동물이나 기계와는 달리 윤리와 도덕을 기반으로 살아간다. 기계적이고 정량적인 평등이 성립될 수 없는 이유도 바로 그 때문이다. 평등이나 공평은 차별과 반대되는 개념이다. 이때 평등이나 공평은 기계적인 것을 의미하는 것은 아니다. 물리적으로 완전하게 공평하거나 평등한 것은 없다. 불가능하다. 인간이 처한 조건이란 대개 여러 가지 요인에 의해 복합적으로 형성되기 때문이다.

누구나 평등을 외치지만, 사실 무엇이 평등인가는 간단하지 않다. 평등을 지향하는 대표적인 사회 유형이 공동 생산, 공동 분배를 원칙으로 하는 공산주의(共産主義)일 것이다. 공산주의의 모본(模本)은 기독교공동체이다. 그러나 기독교공동체와 공산주의는 근본적으로 다르다. 공산주의는 형식만 도용한 것이다. 이론은 그럴듯했지만 전체주의의 폐해(弊害)만 남기고, 대부분 역사의 뒤안길로 사라져 버렸다.

이와 대비되는 것이 자본주의(資本主義)이다. 개인의 능력에 따라 부유한 사람은 부유하게, 가난한 사람은 가난한 대로 사는 것이다. 그나마 자발적인 분배로—딱히 더 나은 대안도 없어서—별 무리 없이 잘 유지되고 있는 체제이다.

자본주의 체제에서 평등을 부르짖는 쪽은 대부분 매달리는 쪽이다. 결과적으로 평등을 무기로 무엇을 얻어 내려는 경우가 많다는 것이다. 사실 열심히 일해서 잘사는 사람에게 "당신, 나보다 잘사니까 기부하시오!"라고 하면 날강도다.

요즘에는 노블레스 오블리주(noblesse oblige)[2]를 권하는 것을 넘어 거의 협박 수준인 경우도 자주 있는 듯하다.

가지지 못한 자의 입장에서는 심기가 불편할 수 있겠지만, 그렇다고 해서 가진 자들이 무슨 죄가 있는가?

성경 어디에도 그런 요구는 없다. 물론, 부자들에 대한 경고가—특히, 신약성경에—여러 번 나오기는 하지만, 그것은 어디까지나 황금만능주의, 우상 숭배, 불신앙에 대한 경고이다.

기계적 평등이 적용되는 영역은 오히려 극히 제한적이다. 역할도, 능력도 다 다르다. 기계적인 평등은 성경적이지도 않다.[3] 또한, 행복을 가져다주지도 못한다.

성경은 단지 서로 사랑할 것을 강조할 뿐이다. 그것이 구제요 사회적 책임이다. 성경에서는 특히 고아와 과부에 대한 구제를 강조하고 있다. 그러나 고아나 과부에게 그것을 요구할 만한 권한이 있다는 것을 의미하는 것은 아니다. 만물의 주인이신 창조주 하나님께서 청지기인 인간에게 형제자매를 사랑할 것을 명령하시는 것이다.

---

2 "사회 고위층 인사에게 요구되는 높은 수준의 도덕적 의무"(우리말샘).
3 〈달란트〉 비유(마 25:14-30), 〈포도원〉 비유(마 20:1-16).

평등은 오히려 악한 인간의 도구로 애용되어 왔다. 민주주의도, 다수결도 사실 그런 배경에서 나온 것이다. 정확하게 말하면, 공평한 척할 뿐이다. 그렇게 하지 않으면 통제도 안 되고 싸우기만 하고 답도 없으니까 말이다. '12음 기법'[4]과 같은 맥락에서 이해할 수 있을 것이다.

평등이란 인간의 이기심에서 나온 궁여지책이다. 인간 사회는 결코 평등할 수가 없다. 평등은 자연스러운 것도 아니다.

시소(seesaw)를 생각해 보라!

평등한 시소는 이미 시소가 아니다. 평등을 내세우는 것은 어쩌면 하나님의 권위에 반항하는 것이다. 평등에 우선하는 것은 창조주 하나님의 권위에 복종하는 것이다.[5]

---

[4] 20세기 초 쇤베르크가 창안한 작곡 기법으로, 열두 개의 음을 골고루 사용하는 작곡 방식이다.

[5] "내 것을 가지고 내 뜻대로 할 것이 아니냐 내가 선하므로 네가 악하게 보느냐"(마 20:15).
"이 사람아 네가 누구이기에 감히 하나님께 반문하느냐 지음을 받은 물건이 지은 자에게 어찌 나를 이같이 만들었느냐 말하겠느냐 토기장이가 진흙 한 덩이로 하나는 귀히 쓸 그릇을, 하나는 천히 쓸 그릇을 만들 권한이 없느냐"(롬 9:20-21).

진정성

사전적으로 진정성(眞情性)이란 '진실하고 참된 성질'을 의미한다.

참 단순하고 명확한 이 말이 삶에서는 왜 그리 복잡하게 느껴질까?

인간사에서 일어나는 문제 대부분은 진실하지 못한 데서 비롯되는 듯하다. 진정성으로 사기를 치면 문제는 더 심각해진다. 내 삶을 관통하는 것은 물론 이 책을 쓰게 된 이유도 바로 진정성 때문이다. 진정성에 관한 문제가 풀리지 않았기 때문에 인간에 대한 깊은 고민이 시작되었다.

흰 것을 희다고 말하기 어려운 것이 지금 현실이다. 평생 수많은 사람을 만나지만 진정한 관계로 발전하지 못하는 이유도 그 때문이다.

진정성이란 가식이 없는 상태를 말한다. 가식이란 '척'하는 것을 말한다. 방탄조끼 같은 가식을 양파처럼 몇 겹으로 껴입어서는 진심을 알기가 어렵다. 어지간해서는 알 수가 없다. 생긴 것도 거짓이요, 말도 거짓이요, 글도 거짓이요, 행동하는 것도 거짓인 사람들 사이에서는 무엇이 진심인지 알기가 쉽지 않다. 말하는 사람도 진정성이 없고, 듣는 사람도 진정성이 없으니, 그저 허공에 씨를 뿌리는 격이다. 눈을 감고 따발총을 쏘는 것이나 다름없다. 그 말들이 서로 만나 열매를 맺을 가능성이란 거의 제로에 가깝다.

진정성 없는 세상에서 지금까지 살아온 것도 거의 기적에 가깝다. 진정성이란 옳고 그른 것에 관한 것이 아니다. 옳든 그르든 있는 그대로 솔직하게 말하고, 솔직하게 행동하는 것이 진정성이다.

정말 문제는 자기가 무엇을 하고 있는지조차 모른다는 것이다.

자기가 하는 것이 솔직한지 아닌지조차 모른다면 어찌 진정성 있는 삶을 기대할 수 있겠는가!

거짓말을 하면서도 무엇이 잘못되었는지 모른다면 답이 없다. 그런 사람은 아무리 말해도 알아듣지 못한다. 그래서 그런 사람에게는 말을 하지 않는다.

정의

정의(正義)는 '사람으로서 지켜야 할 바른 도리'를 말한다. 사실 바른 도리를 지키고 사는 것은 정말 어려운 문제이다.

'바른 도리를 어떻게 아느냐' 하는 문제부터 부딪히기 때문이다.

대체로 절대적 진리를 부정하는 것이 요즘의 추세이다. 바른 것에는 관심이 없고, 도리에도 관심이 없다. 정의를 신뢰하지 않는 것은 말할 것도 없고, 경멸하기까지 한다. 정의를 지키자는 말을 하면 꼰대라고 비난한다.

정의라는 것은 잣대가 있어야 하는데, 그 잣대를 인정하지 않거나 제각각이다. 근간이 망가졌다.

정의란 원래 보편적인 진리에 근거해야 한다. 그래야 정의라 할 수 있다. 개똥철학이 지배하는 이상, 정의란 고무줄에 지나지 않는다.

지금은 정의가 그렇게 기울어져 있다. 고무줄은 잣대가 될 수 없다. 정의가 없는 것이다. 사사기에 언급된 대로 그저 자기 소견대로 할 뿐이다(삿 21:25). 그리고 아무도 책임지지 않는다.

> 여호와는 의로우사 의로운 일을 좋아하시나니 정직한 자는 그의 얼굴을 뵈오리로다(시 11:7).

> 여호와의 말씀은 정직하며 그가 행하시는 일은 다 진실하시도다 그는 공의와 정의를 사랑하심이여 세상에는 여호와의 인자하심이 충만하도다(시 33:4-5).

정의, 정직, 공의는 다 하나님에게서 온 것이다. 바르다, 옳다, 의롭다는 개념도 다 하나님에게서 온 것이다.

지금 사회에서 통용되고 있는 정의, 정직, 공의는 어느 정도 왜곡되고 변질된 개념이다. 지금 정의라고 하는 것은 사실 정의가 아닌 경우가 많다. 살짝 쭈그러졌다는 것이다. 사실 살짝이 아니라 많이 쭈그러져서 더 이상 잣대로 사용하기 어려울 정도이다.

그래서 사람들이 열심히 부르짖고 있는 정의, 올바름은 더 이상 정의도, 올바름도 아니다. 정직한 분이 만든 잣대를 정직하지 않은 인간이 자기 입맛에 맞게 왜곡하고 변형해 버렸기 때문이다.

법, 자유, 인권, 평등, 공정이라고 대단한 듯 말하지만, 사실은 코에 걸면 코걸이, 귀에 걸면 귀걸이일 뿐이다. 제대로 된 잣대가 없다. 그러니 신앙이든 인생이든 혼란스러울 수밖에 없다.

그러므로 처음으로 돌아가자.

人 법과 질서

법(法)과 질서(秩序)는 상호 보완적이라 할 수 있다. 법과 질서의 근원은 창조 질서이다.[6] 태초에 하나님께서 천지를 창조하실 때 법과 질서도 함께 창조하셨다. 창조 이전에는 법과 질서가 없었다. 혼돈하고 공허했다.

다윈은 창조론을 부정하고, 니체는 도덕을 부정한다. 그 당시에는 한갓 이단적 망언에 불과했던 그들의 주장이 오늘날에는 안타깝게도 온 세상을 지배하고 있는 듯하다.

다윈의 『종의 기원』(1859), 니체의 『도덕의 계보』(1887)가 출판된 지 2백 년도 채 되지 않았다. 역사 이래 수천 년간 지켜 오던 질서를 몇백 년 전부터 부정하기 시작한 것이다. 그러나 이제는 거의 정설(定說)처럼 굳어져 버렸다. 창조론은 이제 교회에서나 통용될 뿐이다. 물론, 여전히 사람들은 법과 질서를―존중하는 것이 아니라―이용하고 있다. 어떻게

---

6 "태초에 하나님이 천지를 창조하시니라 땅이 혼돈하고 공허하며 흑암이 깊음 위에 있고 하나님의 영은 수면 위에 운행하시니라"(창 1:1-2).
"하나님이 이르시되 하늘의 궁창에 광명체들이 있어 낮과 밤을 나뉘게 하고 그것들로 징조와 계절과 날과 해를 이루게 하라"(창 1:14).

보면 니체의 이야기처럼 법에 숨어 있을 수도 있다.[7]

사람 대부분은 니체와 달리 이 법과 질서가 도대체 어디서 시작되었는지 관심조차 없다. 그러나 성경과 자연 현상, 인간을 보면 이 세상이 어떤 질서에 의해 움직인다는 것을 쉽게 확인할 수 있다.

법과 질서의 내용이 이상하게 변질되어 있기는 하지만, 사람 대부분이 그래도 법과 질서를 존중하고, 그 영향력 안에서 살아가고 있었다. 그러나 다윈과 니체 이후에 그들의 주장에 감염된 많은 사람이 이제는 법과 질서 자체를 부정하기에 이르렀다. 아마 해체(解體)라는 말이 더 적합할 듯하다.

법과 질서를 부정하게 되면서 자연스럽게 진리(眞理)와 권위(權威)도 부정하기에 이르렀다. 정신이 나갔다는 말밖에 달리 떠오르는 말이 없다. 이는 마치 물고기가 물이 없는 곳에서도 잘 살 수 있다고 억지 부리는 것과 같은 꼴이다.

내 생각에는 법과 질서라는 개념 없이 인간 사회를 설명하는 것은 불가능하다. 그것이 가능하다고 주장하는 것은 그 자체가 사기(詐欺)이다.

책임 없는 자유를 주장하는 것이 어떻게 가능하단 말인가!

---

7   프리드리히 니체, 『도덕의 계보』, 박찬국 옮김 (아카넷, 2023), 210.

의무 없는 권리가 어떻게 가능하단 말인가!

불가능하다. 남자 없는 여자도, 여자 없는 남자도 불가능하다. 제한 없는 자유도, 통일성 없는 다양성도 불가능하다. "네가 이렇게 하면 나도 이렇게 할게"라는 계약은 낮은 수준의 질서에 속하겠지만, 여하튼 인간 사회는 법과 질서를 완전히 벗어날 수 없으며, 법과 질서가 자연과 인간의 근간이라는 사실은 누구도 부인하기 어렵다.

이원론과 상대주의

인간은 흑백논리, 이분법, 이원론을 극단주의라고 매도하며 장난을 친다. 무슨 말인가 하겠지만, 이것은 매우 간단하고 명확한 이야기이다.

창조 질서는 근본적으로 이원론을 바탕으로 한다. 대표적인 것이 선(善)과 악(惡)이다. 신(神)과 인간, 남자와 여자, 하늘과 땅, 양(陽)과 음(陰), 낮과 밤, 여름과 겨울, 삶과 죽음, 영혼과 육체, 거룩한 것과 세속적인 것, 옳고 그름 등이 그러하다. 인본주의에 물든 사람들은 대개 이것을 부정하거나 거부한다. 그리고 양극단의 중간쯤에 넓은 회색 지대를 만든다. 이원론을 극단주의라 하여 거부하는 것은 목적이 매우 분명하다. 근간(根幹)을 무너뜨리려는 것이다.

이와 비슷한 시도는 다 그러한 의도를 가지고 있다. 대개는 양극 중 어느 한쪽[8]을 먼저 무너뜨린다. 선(善)을 무너뜨리고, 신(神)을 무너뜨리고, 아버지를 무너뜨리고, 남자를 무너뜨리는 것이 그 대표적인 예다.

그래서 결국 진리와 그 권위를 무너뜨린다. 절대적인 것을 혐오로 치부하며 서서히 상대적인 것으로 만들어 버린다. "선한 게 어디 있어!"라며 윤리와 도덕을 무너뜨린다. 아버지의 권위를 부정하며 가족을 무너뜨린다. 무신론을 주장하며 창조 질서를 무너뜨린다. 양성을 부정하며 성(性) 정체성을 무너뜨린다.

양극을 무너뜨린다는 것은 기준을 없애 버리는 것이다. 그야말로 고무줄 잣대가 되게 하는 것이다. 그렇게 되면 악한 세력들이 마음대로 장난을 칠 수가 있다. 그들은 사회를 환각 상태로 만들어 버린다. 분별도 비판도 금기시한다. 그런 후에 인류를, 세계를 마음대로 조종한다.

---

8 대개 선악(善惡) 중 선을 무너뜨리지만, 같은 방식으로 악을 확장하기도 한다. "좋으면 됐지, 안 되는 게 어디 있어!"라는 식으로 말이다.

알고 보면 흑백논리라는 것은 매우 중요한 개념이다. 양극이 기준 역할을 하기 때문이다. 이것이 있어야 중간 지대도 성립된다.

회색 지대를 주장하며 마치 평화, 인권, 평등, 자유, 민주주의, 다양성을 부르짖는 것처럼 보이지만, 실상은 세상을 마음대로 지배하려는 것이 그들의 속셈이다. 공산주의를 생각하면 된다. 사람들은 거기에 놀아나는 것이다. 먹기 좋게 만들어[9] 집어삼키려는 것이 그들의 목적이다. 그들이 주장하는 평화, 평등, 공평은 결국 미끼일 뿐이다.

人 포용

포용은 좋은 말이지만 주의할 부분이 있다. 포용이나 수용에는 전제 조건이 있다.

확실한 **근간(根幹)**이 있어야 한다!

---

[9] 이것이 그들이 내세우는 평화, 평등, 공평이다. 이것으로 사회를 평평하게, 말하자면 먹기 좋게 만드는 것이다.

우리는 이것을 정통성(正統性)이라고 한다. 이 정통성이 지켜지는 가운데 포용, 수용, 관용, 용납이라는 개념도 의미가 있다. 말하자면, 기초와 뿌리가 튼튼해야 한다는 것이다.

민주주의에서는 법과 질서가 그 뿌리이다. 그 위에 자유, 평등, 인권 등의 가치가 수용될 수 있다. 그렇지 않으면 다 무너지게 된다. 포용하려는 그것이 아무리 가치가 크고 좋은 것이라 하더라도 말이다.

구심력(근간)이 약하고 원심력(변화)이 크면 결국 무너진다. 사랑이나 관용, 헌신, 봉사도 마찬가지다. 신앙은 더더욱 그렇다. 그래서 통일성, 본질, 질서, 정체성, 정통성이라는 말이 중요하다.

누군가를 건지러 물속에 들어갔다가 같이 **빠져** 죽게 되는 사고가 일어나서는 안 된다. 의도가 아무리 좋아 보이고, 중요하고 급하다 하더라도 신중해야 하는 이유가 바로 거기에 있다. 연합이라는 말도 좋은 의미이지만, 그래서 위험할 수 있다.[10] 혼합은 연합이 아니다.

---

10 교회는 원래 하나이기에, 분열된 교회를 하나로 통합하려는 것은 바람직하고 좋은 현상이지만, 정치적인 목적이 개입된다면 매우 위험해진다. 자칫 심각한 배교(背敎) 행위가 될 수도 있다. 혼합주의, 다원주의가 그런 예이다.

원수를 사랑하라는 것은 원수처럼 되라는 말이 아니다. 선인지 악인지 분별하지 말라는 의미가 아니다. 선인지 악인지도 모르고 악한 사람과 무분별하게 놀아나라는 의미가 아니다. 그렇게 하는 것은 사랑이나 관용이 아니라 타락이다.

포용은 독을 품는 것이 아니다. 독은 걸어 내야 한다. 멀리해야 한다. 분리해야 한다. 죄도, 악도 마찬가지다. 그것을 분별하지 못해서 문제가 생기는 것이다.

민주주의 국가가 공산주의 국가를 품는 것은 공산화되는 것을 말하는 것이 아니다. 그것을 잘 이해하지 못하면 망하게 된다.

> 이 세상이나 세상에 있는 것들을 사랑하지 말라 누구든지 세상을 사랑하면 아버지의 사랑이 그 안에 있지 아니하니 이는 세상에 있는 모든 것이 육신의 정욕과 안목의 정욕과 이생의 자랑이니 다 아버지께로부터 온 것이 아니요 세상으로부터 온 것이라 이 세상도, 그 정욕도 지나가되 오직 하나님의 뜻을 행하는 자는 영원히 거하느니라(요일 2:15-17).

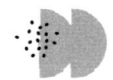

제3장

인간

    지난 장에서는 내가 생각하는 윤리에 대해서 간단하게나마 한번 살펴보았는데, 무엇이 기억에 남는지 궁금하다. 매우 중요한 내용이지만, 아마 그 말이 그 말이라는 생각이 들었을지도 모른다. 만약 그렇다면 당신의 더듬이를 좀 더 곤추세울 필요가 있을 듯하다. 그렇지 않으면 이후에 하는 말은 더 귀에 안 들어올 것이기 때문이다.

    사실 우리 삶에서 가장 걸림돌이 되는 것은 다름 아닌 불감증 또는 둔감증이다. 설교를 많이 듣고, 책을 많이 읽어도 삶이 달라지지 않는 것도 바로 그 때문이다. 그래서 이 책을 계속 읽기 전에 당신의 더듬이는 정상적으로 작동하고 있는지 점검할 필요가 있다는 것이다.

    "네가 인간이냐?"

나는 가끔 이런 질문을 던지곤 한다. 이 질문에 답하려면 아마도 "무엇이 인간인가" 또는 "인간이 무엇인가"라는 질문에 먼저 답해야 할 것이다.

아이러니하게도 정작 인간을 파악하는 데 가장 큰 걸림돌이 되는 것은 인간이 만들어 놓은 화려한 업적이다. 나는 그것을 군더더기 또는 포장지라고 말한다. 그것은 너무 화려해서 인간의 본질을 파악하는 데 오히려 방해가 된다.

성도(聖徒)도 마찬가지다. 예배, 찬양, 헌금, 봉사, 기도, 선교, 구제와 같은 여러 가지 종교적인 행위가 오히려 성도의 길을 가로막는다. 물론, 그러한 것들이 전혀 필요 없다는 이야기는 아니다. 그런 관점에서 몇 가지 질문을 던져볼까 한다.

출생

인생은 출생으로부터 시작된다. 출생이라는 것은 운명적이다. 죽음은 때로는 선택이 가능하지만, 출생은 스스로 선택하는 것이 아예 불가능하다. 적어도 사춘기 시절이 오기 전까지는 출생에 대해 거의 의문을 던지지 않는다.

출생은 인생의 가장 근원적인 사건이라 할 수 있다. 그래서 다들 생일을 중요하게 여기는 듯하다. 인생의 막다른 골목에서는 "내가 태어나고 싶어서 태어났나?"라고 반항하기도 한다. 내 의지로 선택한 것도 아닌데, 저항할 수도 없는 것이 운명이다. 때에 따라 억울한 측면이 있는 것도 사실이다. 그러나 우리가 창조된 것이 틀림없다면 그렇게 할 수가 없다. 그것은 질그릇이 자신을 만든 도공에게 따지는 것과 같다.[1]

"내가 태어나고 싶어서 태어났나?"라고 투정하기도 하지만, 그럴 만한 권리가 있다고 생각하는 사람은 드물 것이다. 그저 하소연할 뿐이다. 다들 "인생이 어디서 와서 어디로 가는가"에 대한 궁극적인 해답 없이 살아가는 듯하다.

그렇다면 인간은 동물과 무엇이 다른가?

철학자 외에는 이런 질문을 잘 던지지 않는다. 관심이 없는가 보다. 생일은 소중하게 여기고 축하하는데, 자신의 정체성에 대한 궁극적인 질문에는 별 관심이 없다니 참 아이러

---

[1] "이 사람아 네가 누구이기에 감히 하나님께 반문하느냐 지음을 받은 물건이 지은 자에게 어찌 나를 이같이 만들었느냐 말하겠느냐 토기장이가 진흙한 덩이로 하나는 귀히 쓸 그릇을, 하나는 천히 쓸 그릇을 만들 권한이 없느냐"(롬 9:20-21).

니하다. 사실 다른 것은 다 양보하더라도 이것만은 양보해서는 안 된다. 인생의 본질이기 때문이다.

찾고 따져라!

나도 그 궁극(窮極)을 파다가 하나님을 깊이 만나게 되었다. 왼쪽이 아니면 오른쪽으로 가 보고, 이쪽이 아니면 저쪽으로 가 보라. 삶의 끝자락에서라도 꼭 발견하기를 바란다. 이것을 해결하지 못하면 평생 외로운 늑대로, 어슬렁거리며 배회할 수밖에 없다. 결국, 나도 당신도, 우리 모두 힘들어진다.

외모

"인간은 키가 커야 하는가?"

"키가 얼마나 커야 인간인가?"

이런 질문은 특히 청소년 시기에 민감한 질문이다. 물론, 성인이 되어서도 흔히 들을 수 있는 내용이기도 하지만.

답은 키는 인간의 조건과 무관하다는 것이다. 키가 크든 작든 인간이 되는 데는 아무런 문제가 되지 않는다.

그렇다면 키가 크고 작은 것으로 인간을 평가하는 것은 잘못된 태도이다. 키가 큰 사람이 있고, 키가 작은 사람이 있을 뿐이다. 키가 어느 정도 되어야 한다는 것은 인간 스스로가 규정해 놓은 것이다. 예쁜 얼굴도, 이목구비가 뚜렷한 것도, 오뚝한 코도, 갸름한 턱도, 쌍꺼풀도 인간의 조건은 아니다. 시력이 좋은가, 청력이 좋은가, 팔다리가 있는가도 인간의 조건이 될 수 없다.

하지만, 인격이 작동하지 않는 사람은 인간이라 하기 어렵다. 차라리 동물에 가깝다. 인간은 외모 때문에 얼마나 자신의 인생을 망가뜨려 놓는지 모른다. 그런 것은 다 군더더기다. 군더더기에 집착하면 평생 불행하게 살 수밖에 없다.

아닌가?

"그래도!"라고 반문할지도 모르겠다. 그래도 아니다!

생각

"인간은 생각하는 갈대다"라고 누군가가 말했다. 동물은 이성적인 존재가 아니기 때문에 생각한다고 보기 어렵다. 생각한다고 하더라도 거의 감각적인 수준일 것이다.

인간의 생각은 정신적인 영역이다. 생각은 단순한 것부터 복잡한 것까지 매우 다양하다. "생각이 있니, 없니?"라고 할 때는 의식(意識)을 의미하기도 한다. 의식은 인간만이 가질 수 있다. 생각은 창조주가 인간에게 허락한 최고의 선물이다. 인간에게서 생각이 사라진다면 그 즉시 동물적으로 된다. 식물인간이 그러하다. 그만큼 생각은 인간의 중요한 능력이다.

생각은 크게, 건강한 생각과 건강하지 못한 생각 그리고 망상으로 구분할 수 있다. 건강한 생각은 인간에게 이로운 것이고, 건강하지 못한 생각은 인간에게 해로운 것이다. 망상은 의식의 통제를 벗어난, 비현실적인 모든 생각이라 할 수 있다.

인간은 생각을 통해 정신과 기술의 발전을 이루어 왔다. 인간은 생각을 통해 선(善)을 행할 수도 있고, 악(惡)을 행할 수도 있다.

불행히도 인간은 처음부터 악한 생각에 눈이 밝았다. 우리의 조상 아담과 하와가 그랬다. 아무런 제지(制止)가 없으면 쉽게 악한 생각으로 치우치는 존재가 인간이다. 악한 행동은 아무런 노력 없이도 할 수 있지만, 선한 행동은 피나는 노력 없이는 불가능하다.

그래서 생각, 의식, 의지가 중요하다. 역사 이래로 인간이 대단한 것도 생각 때문이고, 인간이 위험한 것도 생각 때문이다. 창의성과 망상도 생각에서 나오는데, 그 결과는 완전히 다르다.

의식주

의식주(衣食住)는 인간이 살아가는 데 가장 기본적이고 필수적인 요소이다.

많은 사람이 안심하고 거주할 집 한 채를 마련하려고 평생 아등바등 살아간다. 여기에 자가용도 한몫한다. 어떤 사람은 집보다 자가용에 더 목숨을 건다. 좋은 집, 좋은 차를 소유하면 행복해지고 사람들로부터도 인정받는다고 생각하기 때문이다.

옷은 어떠한가?

"옷이 날개"라고 하듯이 집 다음으로 중요한 것이 옷이다. 내적인 인품을 갖추지 못한 많은 사람이 명품 의류, 명품 가방, 값비싼 귀금속(貴金屬), 값비싼 화장품으로 허함을 가리려 한다. 그러나 그것은 속임수에 불과하다. 그런 것들은 인간을 평가하는 데 전혀 본질적인 것이 아니다. 거기에 매여 사는 사람들은 평생 그렇게 헛고생한다. 옷이라는 우상을 만들고 거기에 속으며 사는 것이다.

먹는 것은 또 어떠한가?

삼시 세끼는 물론 차나 커피에 목숨을 거는 사람도 많다. 허기나 갈증을 채우려는 목적이 아니다. 여러 다른 목적으로 과도하게 돈과 에너지를 소모한다.

그들은 그야말로 "인생은 어디에서 와서 어디로 가는가"에 대한 해답은 없어도 의식주만 해결된다면 아무런 문제가 없어 보인다. 그저 호화로운 아파트에 살고, 외제 차를 타고, 명품 옷만 있으면 개의치 않는 듯하다.

그러나 정말, 호화로운 아파트에 살고, 외제 차를 타고, 명품 옷만 입으면 인간인가?

人 건강

건강에 대해 지나치게 집착하다 보면 건강염려증에 걸리기도 한다. 건강염려증이란 멀쩡한 사람이 병에 걸릴까 봐 지나칠 정도로 염려하는 것을 말한다.

사람이 살다 보면 병에 걸리기도 하고 낫기도 한다. 그것은 인간의 힘으로 어떻게 할 수가 없다. 물론, 평소에 운동하거나 건강식품을 먹으며 자기 나름대로 예방할 수는 있겠지만, 현대인은 건강에 대한 집착이 너무 지나친 경향이 있다.

거의 모든 사람이 무병장수(無病長壽)하려는 듯하다. 늙고 병들고 죽는 것이 달갑지는 않겠지만, 그렇다고 피할 수 있는 것도 아니다. 생로병사(生老病死)를 따르는 것은 매우 자연스러운 이치이다. 순리라는 말이다.

무병장수하며 무슨 대단한 일을 할 것도 아닌데, 늙고 병들고 죽는 것을 지나칠 정도로 거스르려고 하는 것은 왜일까?

"인생이 어디서 와서 어디로 가는가"에 대한 해답도 없으면서 무조건 건강하게 오래 살려고 하는 것이 선뜻 이해되지는 않는다. 물론, 건강이 중요하지 않다거나 건강을 위해 아무것도 하지 말라는 의미에서 하는 말은 아니다. 건강한 것이 인생의 궁극적인 목적이 될 수는 없다는 의미이다.

건강이 중요하다면 무엇을 위해 건강해야 하는지가 우선되어야 한다. 그저 건강하게 오래 사는 것은 건강한 인생이 아니다.

공부

 공부를 많이 하고, 또 공부를 잘한다는 의미도 건강에 대해 언급한 것과 크게 다르지 않다. 일반적으로 학문이나 기술을 배우고 익히는 것을 공부라고 한다. 무엇을 암기하고, 계산하고, 연구하는 목적이 무엇인가가 중요하다.

 공부를 잘하는 인간이 좋은 인간인가?

 그렇지 않다.

 공부를 잘하는 인간이 훌륭한 인간인가?

 그렇지 않다.

 공부하는 인간이 공부하지 않는 인간보다 많이 깨닫는 것도, 훌륭한 것도 아니다. 대학을 나온 사람이 초등학교만 나온 사람보다 낫다고 할 수는 없다. 공부를 한 사람이 공부를 안 한 사람보다 잘 살아간다고 볼 수도 없다.

 공부하는 것보다 왜 공부하는지, 무엇을 공부하는지가 더 중요하다. 그런 맥락에서 본다면 경우에 따라서는 공부하는 것이 썩 좋은 일이 아닐 수도 있다.

 마찬가지로 뭔가를 열심히 한다고 할 때, 무엇을 열심히 하는지 그 내용이 중요하다. 독서를 많이 한다거나 경험을 많이 한다고 할 때도 마찬가지다. 목적이 중요하다.

사실 이 시대는 공부를 너무 많이 해서 문제가 되는 듯하다. 결과적으로 나무는 보는데 숲은 보지 못하는 경우가 많다. "뭣이 중헌디?"[2]라는 질문을 던지는 것이 그래서 중요하다.

능력

요즘은 스펙(spec, 직장을 구하기 위해 필요한 학력, 학점, 어학 실력 등을 합산하여 이르는 말) 시대라 취업을 위해 오만가지 스펙을 쌓으려고 애쓴다. 사회는 인간에게 수많은 능력을 밑도 끝도 없이 요구한다. 요즘 목사만 봐도 예전에는 필요도 없었던 많은 능력[3]을 요구한다.

언뜻 보면 이런 능력도 저런 능력도 필요한 듯 보이지만 실상은 그렇지 않다. 인간 스스로 자신을 무한 경쟁 속으로 몰아넣는 것이다. 하나님은 결코 이런 능력, 저런 능력을 요

---

2 전라도 사투리로 "무엇이 중요한가?"라는 의미이다.
3 목회, 신학과 관련된 것 외에 컴퓨터 관련 능력은 물론 기획, 음향과 영상 조작 및 편집, 찬양단 인도 등 다양한 역량을 요구한다.

구하신 적이 없다. 그런 것들은 다 인간적인 탐욕에서 오는 것이다. 우리 조상 아담과 하와 때부터 그랬다. 입으로는 하나님의 영광을 위해 이런저런 능력이 필요하다고 하지만, 실상은 인간의 탐욕을 위할 때가 많다.

구약 시대나 신약 시대나 하나님은 오히려 철저하게 무능한 인간을 사용하신다. 인간에게 도(道) 닦을 것을 주문하신 경우가 없다. 물에 빠진 사람을 구조할 때, 완전히 힘이 빠진 사람을 구조하기가 더 쉬운 것처럼, 하나님도 대개 그런 인간을 사용하신다.

인간적으로 볼 때 좀 괜찮은 조건도 있겠지만, 하나님께는 그런 것이 별 의미가 없다. 비행기를 타고 높은 하늘에서 아래를 내려다보면 1층이나 10층이나 별 차이가 없는 것과 마찬가지다. 인간의 능력은 오히려 하나님의 영광을 가릴 뿐이다. 없는 게 낫다는 표현이 더 정확할 것이다. 하나님은 전능하신 분이기 때문이다.

무엇이 능력인가 할 때 인간과 하나님의 관점은 많이 다른 듯하다.[4] 인간적인 측면에서 볼 때는 부(富)와 건강과 지

---

4 사도 바울은 이렇게 고백하였다.
 "내가 부득불 자랑할진대 내가 약한 것을 자랑하리라"(고후 11:30).

식, 명예, 권력을 소유하는 것이 능력이겠지만, 하나님으로서는 하나님이 모든 능력의 근원이자 주인이라는 사실을 믿는 것이 능력이다. 즉, 하나님이 소유하고 있는 것을 믿는 것이 아니라 하나님의 존재를 믿는 것이 진정한 의미에서의 능력이다.

성장

인간은 시간이 지나며 점점 성장(成長)하는 과정을 거친다. 성장은 원래 사람이나 동식물이 자라서 점점 커지는 자연스러운 현상을 의미하는 말이다.

성장은 인간에게 꼭 필요한 과정이지만, 그 과정에서 많은 문제점이 야기되는 것도 사실이다.

정신적인 성장은 가정을 비롯해 학교, 교회, 사회 등 다양한 교육 체계를 통해 이루어지는데, 이런 교육 체계가 무너져 버렸다는 것이 문제이다. 지금은 진화론이냐, 창조론이냐 하는 수준이 아니라 가정과 교회, 학교, 사회 교육 체계 전반이 무너져 버렸다. 윤리, 도덕이라는 측면에서는 교육이라고 할 만한 것이 거의 없는 실정이다.

가장 결정적인 것은 최근 몇십 년 사이 가부장제를 폐기하다시피 하고, 아동 학대, 학생 인권을 운운하며 아버지의 권위와 교사의 권위를 한꺼번에 무너뜨려, 제대로 된 인성 교육이 불가능해졌다는 것이다. 이제 겨우 문제의 심각성을 인식하는 듯하지만, 어떻게 될지는 아직 두고 봐야 할 듯하다.

 성장을 '사회적인 발전'으로 해석해 보면, 또 다른 문제점이 노출된다. 특히, 인간의 자유와 편의를 향해 끝없이 발전하는 과학과 기술 그리고 그에 따른 사상(思想)의 폐해(弊害)가 그러하다.

 그 때문에 인간은 고유의 가치와 본분, 질서 의식을 점점 잃어 가고 있다. 사실은 잃어 가고 있다기보다 인간 스스로가 파괴하고 있다고 보는 편이 더 정확할 듯하다. 실수가 아니라 고의로 자행하고 있기 때문이다.

 마치 인간 스스로가 인간이기를 거부하는 듯하다. 대단한 방향으로 가는 듯한데, 알고 보면 인간 본성을 상실하는 방향으로 달려가고 있다. 표면적으로는 자유, 인권, 평등을 내세우지만, 실상은 서서히 인간을 개조하려는 것이 목적인 듯하다.

 껍데기에 설탕물을 듬뿍 발라 놓아 대부분 눈치채지 못하고 있을 뿐이다. 다들 문명의 이기(利器)에 속고 있는 것이다. "평안하다, 평안하다"라며 그것에 취해 있을 때, 반인륜적인 사상들이 인간의 정신을 서서히 잠식하고 있다. 그 사악한 것들이 곳곳에 똬리를 틀고 있다. 참 통탄할 노릇이다.

관계

인간은 유치원에 다닐 때부터 본격적으로 대인관계를 시작한다. 그보다 더 일찍 시작하는 아이도 있을 것이다. 이런 관계는 노인이 될 때까지 이루어진다. 누구를 만나느냐에 따라서 평생 많은 영향을 받게 된다.

안타까운 것은 깊은 관계를 갖는 경우는 매우 드물다는 것이다. 같이 밥도 먹고, 돈도 빌려줄 수 있지만, 진심으로 믿고 진솔하게 마음을 나눌 수 있는 관계는 거의 없다. 대부분의 관계가 이해관계에 얽혀 있고, 표면적이다.

교회 안에서도 다르지 않다. 형제자매라고 말은 하지만, 역시 이해관계를 뛰어넘는 경우는 잘 없는 듯하다. 그것은 하나님이나 예수님의 사랑과는 거리가 멀다. 그러나 우리는 이러한 관계를 교양 있다고 한다. 오히려 너무 끈끈하면 위험하다고 한다. 말하자면, 적당히 관계하는 것이다. 교회생활도 사회생활의 연장선상에서 이루어지는 것이다. 이는 인간적인 한계를 벗어나지 못하기 때문이다.

인생에서 가장 중요한 관계는 아무래도 창조주이자, 인간과 우주 만물의 주인이신 하나님과의 관계이다. 이것을 '믿음'이라고 한다. 물론, 가식적인 믿음을 말하는 것은 아니다.

하나님과의 진정한 관계는 인간과의 관계에서도 정확하게 작동된다. 우선순위가 중요하다. 거꾸로는 아무래도 불가능하다. 그런 상태로는 결코 인간적인 이해관계를 뛰어넘을 수 없다.

하나님을 믿지 않는 사람들이 관계를 맺는 이유는 딱 두 가지다. 서로의 이해관계 때문이거나 자신의 마음이 편안하기 위해서이다. 자신이 기준이다.

인간관계는 원만하지만 하나님을 모르거나 하나님을 믿지 않는 사람은 온전한 관계를 맺고 있다고 보기 어렵다. 궤도를 이탈한 관계는 그 자체가 이미 불안정하기 때문이다. 이는 가출한 상태에서 친구와 잘 지낸다고 하는 것과 다르지 않다.

결혼과 출산

결혼은 하나님이 정하신 제도이다. 사람이 혼자 사는 것이 좋지 아니하니 하나님이 돕는 배필을 지으셨다. 그리고 이렇게 말씀하셨다.

> 이러므로 남자가 부모를 떠나 그의 아내와 합하여 둘이 한 몸을 이룰지로다(창 2:24).

결혼은 하나님의 명령이기도 하지만, 자연법칙이기도 하다.[5]

> 하나님이 자기 형상 곧 하나님의 형상대로 사람을 창조하시되 남자와 여자를 창조하시고 하나님이 그들에게 복을 주시며 하나님이 그들에게 이르시되 생육하고 번성하여 땅에 충만하라(창 1:27-28).

---

5 디트리히 본회퍼, 『윤리학』, 장현숙 옮김 (복있는사람, 2022), 332.
"인간의 결혼은 모든 인간 질서 가운데 가장 오래된 것으로 … 인간의 결혼은 인간 사회의 다른 어떤 기관이 형성되기도 전부터 존재해 왔다. 결혼은 첫 인간의 창조와 함께 주어진 것으로서, 결혼의 권리는 인류의 시초에 깃들어 있다."

하나님은 남자와 여자를 창조하시고, 모든 생물을 다스리라고 명령하셨다. 성경에서는 분명히 남자와 여자만 인정하고 있으며, 결혼도 한 남자와 한 여자가 하는 것으로 규정하고 있다. 예수님도 그렇게 말씀하셨다(막 10:5-9).

남녀가 연애하는 것은 결혼을 위한 것이고, 결혼은 자녀 출산을 목적으로 한다. 물론, 예외는 있다. 그러나 그것은 어디까지나 예외일 뿐이다. 결혼하고 싶어도 할 수가 없고, 아이를 갖고 싶어도 갖지 못하는 경우가 그러하다. 이것은 결혼을 거부하거나 출산을 거부하는 것과는 다르다.

동성끼리 연애하고 결혼하는 것은 하나님의 질서를 거스르는 행위이다. 명백한 일탈이다. 이것은 취향의 문제가 아니다. 사회적 성, 즉 젠더(gender)라고 하는 것은 타락한 인간이 만들어 낸 개념이다. 성이라는 개념은 오직 하나밖에 없으며, 그것은 생물학적 성(性, sex)을 가리키는 것이다.

젠더라는 것은 인간이 편의를 위해 만들어 낸 용어이다. 인간이 이분법에 부정적인 색깔을 마구 입혀 대는 것도 그러한 맥락이다.

성경에서는 선악(善惡)을 분명하게 구분하고 있지만, 인간은 선과 악 이외에 중간 지대, 즉 회색 지대가 있다고 주장하며, 그것을 정당화하기 위해 젠더라는 개념을 사용한다. 자유, 인권, 평등이라는 개념도 이런 방식으로 왜곡되고, 오용되기 때문에 문제가 된다.

인간의 성욕(性慾)은 이성 간의 사랑과 결혼 그리고 궁극적으로는 자녀 출산을 위해 주어진 것이다. 하지만, 인간은 성욕을 한갓 쾌락의 도구로 전락시켜 버렸다. 결혼과 출산을 짐(부담)으로 인식하는 한, 성관계의 당위성도 소멸하게 될 것이다. 남자나 여자가 성장해서 이성(異性)에게 끌리는 것은 매우 자연스러운 현상이다. 동성(同性)에게 끌리는 것은 심각한 오작동(誤作動)이다. 순리(順理)가 아니라 역리(逆理)이기 때문이다(롬 1:26-27). 차별금지법, 동성결혼 합법화 같은 것이 그래서 문제가 된다. 이런 것을 허용할 수밖에 없는 사회라면 미쳐도 단단히 미친 사회이다.

혹시 당신이 결혼을 '거부'하고 있다면 이유가 무엇인가?

적당한 사람이 없다느니, 경제적인 상황이 어렵다느니 여러 가지 이유를 대겠지만 궁극적인 이유는 단 하나이다. 귀찮기 때문이다. 가족에게 얽매이지 않고 혼자만의 자유를 만끽하고 싶기 때문이다. 문제는 홀로 자유를 만끽하는 데서 끝나는 것이 아니라, 궁극적으로 창조 질서를 거스르게 된다는 사실이다. 그러므로 결혼과 출산을 거부하는 것은 임의로 선택할 수 있는 문제가 아니다.

그리고 요즘 젊은이들이 가부장제를 사악한 제도로 치부하며, 타파 대상으로 여기는 것도 심각한 문제이다. 그들은 이성을 만나 연애하는 것은 진부한 것이고, 결혼하는 것은 덜떨어진 것이고, 자녀를 갖는 것은 생각 없는 사람들이나 하는 짓이라고 빈정거린다. 나는 그들이 진심으로 안타까워서 이런 책을 쓰게 되었다.

결혼이나 출산을 거부하며 행복한 인생, 아름다운 인생, 가치 있는 인생을 논하는 것은 마치 아스팔트 바닥에서 진정한 행복을 찾는 물고기와 다를 바 없다. 참으로 모순적이다. 이런 행동은 다 진정한 인간과는 거리가 멀다.

출세

"인생의 목적이 무엇인가"라고 했을 때 1순위로 귀결되는 단어가 바로 '출세'(出世)이다. 출세가 부(富)와 권력과 명예를 한꺼번에 가져다준다고 믿는다. 평생을 출세에 목맨다고 해도 과언이 아니다.

출세를 '성공'(成功)이라는 말로 바꿀 수도 있을 것이다. 출세하면 성공했다고 하고, 성공하면 출세했다고 한다.

하나님을 믿는 사람이나 믿지 않는 사람이나 출세로부터 자유로운 사람은 거의 없는 듯하다. 심지어 목사도 출세가 가장 큰 목표이다. 표면적으로는 고상한 변명을 늘어놓겠지만, 깊숙이 들여다보면 다를 바 없다. 출세는 한마디로 이름을 날리는 것이다. 그러면 돈도, 권력도, 명예도 따라오기 때문이다.

그러나 과연 세상적인 출세가 인생의 참목적인가?

그렇지 않기 때문에 내가 이런 책을 쓰게 된 것이다. 신자에게 출세는 딱 하나밖에 없다. 하나님을 알고, 하나님의 뜻을 따라가는 것이다.

돈

이 세상의 모든 성공은 돈으로 귀결된다.

돈!

한 글자로 간단하다.

하지만, 돈의 위력은 대단하다. 모든 탐욕의 근원은 돈이다. 돈을 싫어하는 사람은 아무도 없다. 출세도, 권력도, 명예도, 건강도 다 돈과 관계가 있다.

많은 사람이 돈이면 모든 것을 이룰 수 있다고 생각한다. 돈으로 안 되는 것이 있다는 것을 깨닫지 못하면, 다 돈으로 해결할 수 있다고 믿는다.

진정한 가치에 무지한 사람들은 대개 황금만능주의의 지배 아래에서 살 수밖에 없다. 이 세상에 돈의 유혹과 달콤함에 녹지 않을 사람은 거의 없다.

종교도 예외는 아니다. 기독교도 마찬가지다. 사실 돈이 우상이요, 사탄이라고 해도 틀린 말은 아니다.

인간은 오래전부터 돈의 노예가 되어 버렸다. 그러므로 돈으로부터 얼마나 자유로운가가 인간의 순도를 나타낸다고도 할 수 있을 것이다. 물론, 이 말에 동의할 사람은 거의 없겠지만 말이다.

돈은 설탕물과 같다. 돈이 인간의 모든 것을 망가트렸다. 교회도 마찬가지다. 사람들 이마에는 예외 없이 돈이라는 글자가 크게 쓰여 있는 듯하다. 돈이 인생의 목표라고 한다.

하지만, 어떻게 그럴 수 있는가!

불가사의하다.

人 권력

권력은 힘이다. 힘은 돈의 하수인이다. 폭력과 억압, 착취를 부르는 것이 권력이다. 권력은 또 알력(軋轢)으로 나타나기도 한다. 서로 피 터지게 싸운다. 아무튼 지금 세상은 힘센 사람이 최고다.

그러나 그렇게 싸워 봐야 다 부질없는 짓이다. 권력에 눈을 돌리는 것은 열등감 때문이다. 근육이나 힘을 자랑하려는 것도 마찬가지다. 힘센 자들은 우월한 듯 보이지만 그렇지 않다. 우월해지려고 애쓰지만 그럴수록 더 초라해질 뿐이다. 진짜 힘이 있는 사람은, 오히려 힘없고 초라하기 짝이 없는 사람이다.

예수님을 보라!

정의의 사도는 그렇게 우람하지 않다. 우람한 영웅은 인간이 만든 허상일 뿐이다. 거기에 속아서는 안 된다. 힘없고 볼품없는 그 사람이 진짜 강한 사람이다. 물론, 힘센 초인을 강조한 니체는 동의하지 않겠지만 말이다.

명예

　명예는 이름에 집착하는 것이다. 그것도 역시 돈과 연결되어 있다. 어떻게 보면 돈보다 더 나쁜 것이다. 돈은 현세를 위해 필요하지만, 명예는 사실 아무짝에도 쓸모없기 때문이다. 어리석은 사람은 죽은 후의 일에까지 탐욕을 가진다.

　명예는 권력의 다른 이름이기도 하다. 이들은 모양은 다르지만, 속성은 같다. 둘 다 사람들에게 과시하려는 것이 목적이다. 하나는 힘으로, 하나는 이름으로 말이다. 하나는 주먹에 힘이 들어가고, 하나는 목에 힘이 들어간다.

　부나 권력이나 명예는 허상이요 거품일 뿐이다. 본질적인 것이 아니고 영원하지도 않으며, 그저 속 빈 강정들이 의지하는 의미 없는 허울에 불과하다.[6]

　또한, 명예는 바리새인들이나 서기관들에게 가장 잘 어울리는 속성이다. 회칠한 무덤, 위선, 허세, 교만, 외식 같은 것이 그들의 자랑스러운 훈장(勳章)이다.

6　"인생은 그 날이 풀과 같으며 그 영화가 들의 꽃과 같도다 그것은 바람이 지나가면 없어지나니 그 있던 자리도 다시 알지 못하거니와"(시 103:15-16).

병

 병(病)은 인간에게 참 귀한 선물이다. '일단 정지'라는 표지판과 같다. 막 질주하다, 아프고 쇠약해지므로 비로소 근원을 돌아볼 수 있기 때문이다. 슬프고 고통스럽고 고달픈 것도 마찬가지다. 날뛰는 인간의 고삐를 늦출 수 있는 유일한 도구가 병이다. 그것이 감기든, 몸살이든, 골다공증이든, 골절이든, 신장병이든, 암이든 말이다.

 간혹 아파도 정신을 못 차리는 사람이 있기는 하다. 참 안타깝다. 여러 가지 수술도 하고, 온갖 약도 챙겨 먹지만, 그런 인생에는 약이 없다.

 병은 인간이 인간다워질 소중한 기회이다. 그것도 마지막일 때가 많다. 하늘 높은 줄 모르는 사람도 비로소 숙연해질 수 있는 시간이다. 인생 초반이나 중반에 그런 기회가 주어진다면 더 단단해질 것이고, 인생 말기에 그런 기회가 주어진다면 인생을 마무리하는 데 큰 도움이 될 것이다.

 아무런 병이 없어야 행복하다고 생각하거나 병이 와도 자신의 인생을 돌아볼 줄 모르는 사람에게는 그 어떤 병도 도움이 되지 않을 것이다. 아마도 그런 사람은 숨질 때까지 인간이 되기 어려울 듯하다.

죽음

죽음은 하나님께서 인간에게 내린 가장 큰 선물이다. 병이 가장 두려워하는 것이 죽음이지만, 병은 죽음에 비교될 수 없다.

죽음은 고귀하다. 죽음은 인간에게 주어지는 마지막 액션(action, 의도가 내포된 사건)이다. 이 세상의 어떤 영예(榮譽)도 죽음 앞에서는 겸손할 수밖에 없다. 이 세상의 어떤 고단한 삶도 끝날 때가 있다는 소망이 바로 죽음이다.

성경에서는 죽음을 "돌아가는 것"이라고 표현하기도 한다. 화려한 근육을 내려놓고 비로소 두 발을 모으고 평안하게, 자기 조상이 있는 하나님 나라로 돌아가는 순간이 죽음이다(야곱의 죽음, 창 49:33). 이 세상에서 천방지축 까불었던 사람도 이때만큼은 하나님 앞에 다소곳이 고개를 숙일 수밖에 없다.

이 세상의 삶을 결산하는 것이 죽음이다. 누군가는 "아!"라고 할 것이고, 누군가는 "어 …"라고 할 것이다. 죽음은 장엄하다. 하나님을 믿는 사람은 이 세상의 문을 닫고, 영원한 문으로 영광스럽게 들어서게 될 것이다.

한 가지 더 기억할 것은 죽음도 출생처럼 인간이 선택할 수 있는 것이 아니라는 점이다. 임의로 죽음에 이르는 것은 월권행위이다. 인간을 창조하신 하나님께서 허락하실 때까지 기다려야 한다.

다만 하나님께서 허락하실 때에는 이 세상에 속한 모든 것을 내려놓고, 감사함으로 받아들여야 할 것이다. 저항할 일도 아니지만 저항할 수도 없다. 이것이 인간이요 인생이다.[7]

그러나 종종 죽음을 저지하려는 사람들을 본다.

"하나님, 잠깐만요. 지금은 아니잖아요!"

이렇게 떼를 쓰며 하나님의 선물을 차일피일 미루는 경우가 많다. 특히, 한창 젊을 때 또는 모든 일이 성공적으로 잘 진행되고 있을 때 그런 경우가 많은 듯하다.

하나님께서 간혹 그런 기도를 들어주기도 하시지만, 나는 왜 굳이 그런 요구를 하는지 이해가 잘 안 된다. 수고한 자녀에게 조금 더 빨리 안식을 주시려는데 말이다.

---

7 "우리의 연수가 칠십이요 강건하면 팔십이라도 그 연수의 자랑은 수고와 슬픔뿐이요 신속히 가니 우리가 날아가나이다"(시 90:10).

너는 청년의 때에 너의 창조주를 기억하라 곧 곤고한 날이 이르기 전에, 나는 아무 낙이 없다고 할 해들이 가깝기 전에, 해와 빛과 달과 별들이 어둡기 전에, 비 뒤에 구름이 다시 일어나기 전에 그리하라 (전 12:1-2).

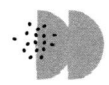

제4장

인간과 신

이번 장은 이 시편 말씀으로 시작한다.

> 주께서 주신즉 그들이 받으며 주께서 손을 펴신즉 그들이 좋은 것으로 만족하다가 주께서 낯을 숨기신즉 그들이 떨고 주께서 그들의 호흡을 거두신즉 그들은 죽어 먼지로 돌아가나이다(시 104:28-29).

신(神)

우리가 살아가면서 많은 정의(定義)를 내리고, 무엇을 규정하고 규명하고 결정도 내리지만, 인간에 대해서 말하는 것은 결코 만만한 일이 아닌 듯하다. 그래서 궤변이나 왜곡이 난무하는 듯하다.

인간은 동물 가운데서 근원적인 존재이다. 피조물 중에 인간 외에 무엇을 규정짓고, 결정하고, 시행할 수 있는 존재는 없다. 예를 들면, 사자나 호랑이는 인간에 대해 그럴 수 없다. 차원이 다르기 때문이다.

인간이 인간을 규명할 수도 없다. 같은 인간이기 때문이다.

인간은 지구를 파악하고, 우주에 대해서도—비록 더디긴 하지만—조금씩 파악해 나가고 있다. 하지만, 신에 대해서는 아예 지각(知覺) 자체가 불가능하다. 인간에게는 그런 권한도, 능력도 없다. 신은 초월적인 존재이기 때문이다. 신은 너무 크기 때문에 인간의 힘으로는 도저히 지각할 수도, 측량할 수도 없다. 신에 대해서 알 수 있는 유일한 길은 신의 계시에 의존하는 것뿐이다.

인간이 만들고 지각하고 경험하는 것들에 대해서, 역사라든지 과학이라든지 경험을 들어 어떤 논리를 세울 수는 있겠지만, 인간 자체에 대해서 깊게 고민하는 경우는 드물고, 또 매우 어렵고 한편 위험한 일이기도 하다.

인간은 인간 자신을 스스로 규명할 수가 없다. 그것은 고아가 고아 자신을 스스로 규명하는 것과 다를 바 없기 때문이다. 이런 전제는 늘 한계에 부딪힐 수밖에 없다.

그래서 인간을 정의할 때는 필연적으로 신(神)이라는 초월적인 존재가 소환될 수밖에 없다.

여기서 신은 당연히 하나님을 가리킨다. 진정한 의미에서의 신은 오직 하나님 한 분밖에 없기 때문이다. 하나님은 다른 피조물과는 달리 스스로 존재하시는 분이다.[1]

인간의 실체를 규명할 수 있는 존재는 오직 하나님밖에 없다. 하나님을 증명하는 가장 근원적인 것은, 하나님께서 인간에게 주신 가장 큰 선물이요 유일한 계시인 성경과 자연이다.

인간의 믿음

인간은 "하나님이 실재한다는 증거가 어디 있느냐"라고 의문을 던진다. 하나님에 대한 증거가 성경에 있다고 하면 "성경을 어떻게 믿느냐"라고 반문한다.

---

1 하나님께서 모세에게 이르시되 "나는 스스로 있는 자이니라"(출 3:14)라고 하셨다. '나는 나다' 라는 의미이다.

그러나 이런 질문들은 논쟁거리에 불과하다. 아무리 해도 답이 안 나온다. 답을 말해도 믿지 않으면 그뿐이기 때문이다. 이것은 보이는 것을 믿느냐, 보이지 않는 것을 믿느냐, 즉 믿음의 문제이다.

우리가 확실하다고 하는 학문, 과학, 논리, 증거라는 것도 사실은 보잘것없는 것이다. 그 기반이라는 것이 허약하기 짝이 없기 때문이다. 그 확신하는 것은 알고 보면 지극히 제한적이다. 분명한 한계를 지니고 있다.

이것을 깨달은 인간은 자연스럽게, 보이는 것보다 보이지 않는 것을 더 신뢰하게 된다. 손으로 잡히는 것은 대개 인간의 차원에 있는 것이고, 손에 잡히지 않는 것만이 인간의 차원을 넘어서는 것이기 때문이다.

이런 것을 초월적이라고 한다. 초월적이지 않은 것은 믿음의 대상이 될 수 없다. 내가 하나님을 신뢰하는 이유와 방식이기도 하다.

욥기에서 욥의 친구들을 보면 인간의 한계를 잘 볼 수 있다. 그러므로 인간의 눈으로 재단(裁斷)해서는 안 된다는 뜻이다. 그러나 이런 사람들은 하나님을 믿더라도 꼭 자기 수준에서 믿으려고 한다. "하나님이라면 이래야 해!"라며 말이다.

말하자면, 자기 식의 하나님을 믿는 것이다. 사실은 자기가 하나님이 되려는 것이다. 그래서 하나님을 마음대로 조종하려고 한다. 그것은 하나님을 믿는 것이 아니라 자기가 만든 하나님, 즉 우상을 믿는 것이다.

하나님을 볼 수 없다는 것도 한계가 있고, 볼 수 있다는 것도 한계가 있다. 그래서 이것도 결국 '전적 은혜'라는 데로 귀결될 수밖에 없다.

하나님은 너무 크시기 때문에, 하나님 스스로 자신을 드러내지 않는 이상, 인간의 힘으로 볼 수 있는 방법은 없다.

믿음이 무엇인가?

확실하게 보이는 것을 믿는 것도 아니요, 신비스러운 체험을 하는 것도 아니다. 성경, 즉 하나님이 주신 약속의 말씀을 믿는 것이다. 믿음은 보이지 않는 것을, 보지 않고 믿는 것이다.

그래서 믿음은 기적이다. 믿음을 대수롭지 않게 생각하는 사람이 많은데, 그들은 정말 믿는 사람들이 아니다.

보이는 것을 믿기도 어려운데, 보지 않고 믿는다는 것은 얼마나 어려운 일인가!

물론, 건성으로 믿는 것이 아니라 진짜 믿는 것을 말한다.

욥이나 다윗, 예수님의 고백처럼 인생을 살다 보면 하나님이 보이지 않을 때가 있다.[2] 참 피눈물 나는 일이다. 하나님의 은혜가 아니고는 결코 믿을 수가 없다.

가만히 보면 믿을 만한 증거가 없어서 믿지 않는 것도 아니고, 믿을 만한 증거가 있다고 믿는 것도 아니다. 합리적이어서 믿는 것도 아니고, 그렇지 않아서 믿지 않는 것도 아니다. 그래서 하나님께 기도할 수밖에 없다.

금보다 귀한 믿음

> 너희 믿음의 확실함은 불로 연단하여도 없어질 금보다 더 귀하여 예수 그리스도께서 나타나실 때에 칭찬과 영광과 존귀를 얻게 할 것이니라(벧전 1:7).

---

2 "그런데 내가 앞으로 가도 그가 아니 계시고 뒤로 가도 보이지 아니하며 그가 왼쪽에서 일하시나 내가 만날 수 없고 그가 오른쪽으로 돌이키시나 뵈올 수 없구나"(욥 23:8-9).
"내 하나님이여 내 하나님이여 어찌 나를 버리셨나이까 어찌 나를 멀리 하여 돕지 아니하시오며 내 신음 소리를 듣지 아니하시나이까 내 하나님이여 내가 낮에도 부르짖고 밤에도 잠잠하지 아니하오나 응답하지 아니하시나이다"(시 22:1-2).
"제구시쯤에 예수께서 크게 소리 질러 이르시되 엘리 엘리 라마 사박다니 하시니 이는 곧 나의 하나님, 나의 하나님, 어찌하여 나를 버리셨나이까 하는 뜻이라"(마 27:46).

믿음이 없는 곳에는 핍박과 환란도 없다.

> 믿음이 없이는 하나님을 기쁘시게 하지 못하나니 하나님께 나아가는 자는 반드시 그가 계신 것과 또한 그가 자기를 찾는 자들에게 상 주시는 이심을 믿어야 할지니라(히 11:6).

> 또 어떤 이들은 조롱과 채찍질뿐 아니라 결박과 옥에 갇히는 시련도 받았으며 돌로 치는 것과 톱으로 켜는 것과 시험과 칼로 죽임을 당하고 양과 염소의 가죽을 입고 유리하여 궁핍과 환난과 학대를 받았으니 (이런 사람은 세상이 감당하지 못하느니라) 그들이 광야와 산과 동굴과 토굴에 유리하였느니라(히 11:36-38).

> 내가 사람의 방언과 천사의 말을 할지라도 사랑이 없으면 소리 나는 구리와 울리는 꽹과리가 되고 내가 예언하는 능력이 있어 모든 비밀과 모든 지식을 알고 또 산을 옮길 만한 모든 믿음이 있을지라도 사랑이 없으면 내가 아무것도 아니요, 내가 내게 있는 모든 것으로 구제하고 또 내 몸을 불사르게 내줄지라도 사랑이 없으면 내게 아무 유익이 없느니라 … 그런즉 믿음, 소망, 사랑, 이 세 가지는 항상 있을 것인데 그중의 제일은 사랑이라(고전 13:1-3, 13).

이 말씀은 사랑의 중요성을 강조한 것이지 결코 믿음, 소망이 중요하지 않다거나 없어도 된다는 말씀이 아니다. 그래서 "믿음, 소망, 사랑, 이 세 가지는 항상 있을 것인데"라고 전제한 것이다.

문제는 올바른 믿음이 전제되지 않으면 결코 여기에서 말하는 사랑에 도달할 수 없다는 것이다. 믿음이 없이는 이런 사랑을 알 수도 없고, 이런 사랑에 이를 수도 없다. 믿음 없이 사랑을 말하는 것은 사실 속이는 것이다. 이처럼 문자적인 해석은 위험할 수 있다.

물론, 여기에서 말하는 사랑은 이성 간의 사랑이나 친구 간의 사랑, 그저 친절하게 대하고 잘 지내는 것을 말하는 것이 아니라 하나님의 사랑, 즉 십자가의 사랑, 그리스도의 보배로운 피를 통한 사랑을 말한다.

믿음은 종교 행위를 말하는 것이 아니라, 나의 주인 되신 하나님께서 나를 끝까지 사랑하신다는 사실을 진심으로 믿는 것을 말한다. 그러므로 믿음이 전제되지 않으면 사랑을 말할 수 없다.

근간이라는 것

먼저 인간(人間)이 누구인지 정체성을 알아야 다른 가치에 대해서도 논의가 가능하다. 그래야 믿음, 은혜, 사랑도 제대로 볼 수 있다.

인간이 누구인지, 내가 누구인지를 알려면 먼저 나를 창조하신 하나님이 누구신지를 알아야 한다. 인간 스스로 또는 나 스스로는 증명할 수가 없다. 하나님을 믿지 않는다면 다른 무엇인가가 있어야 할 것이다.

이런 과정은 인생에서 매우 본질적이고 중요하다. 그냥 "그것은 그렇다 치고"라며 이런 과정을 생략하고, 인생의 가치와 의미를 논한다는 것은 말도 안 되는 일이다.

행복이 무엇인지 기준이 없는데, 마음대로 행복하다고 하거나 불행하다고 하는 것이 이상하지 않은가?

하나님을 믿는다는 것도 마찬가지다. 그냥 아무것이나 믿는 것이 아니라면 먼저 내가 누구인지 알아야 하고, 그러려면 자연히 나의 주인 되신 하나님이 누구신지를 제대로 알아야 한다.

하나님을 믿는다면 하나님의 명령을 따르는 것이 마땅하다. 그것이 순리이다. 완벽하게 지키는 것이 아니라 지키려고 최선을 다한다는 의미이다. 결과보다 방향이나 자세에 관한 이야기이다.

믿음—행위를 동반한 믿음[3]—의 단계, 즉 믿음의 수준과 속도는 사람마다 다를 수 있다. 그러나 이것은, 인간은 어차피 불완전한 존재이므로 하나님의 말씀을 완전하게 지킬 수 없기 때문에, 굳이 하나님의 말씀대로 살려고 애쓸 필요가 없다는 것과는 전혀 다른 말이다. 그것은 은혜를 오해한 것이다. 그런 것이 바로 값싼 은혜이다.

똑같은 것을 보면서도 어떤 사람은 신이 있다는 증거라고 하고, 어떤 사람은 신이 없다는 증거라고 한다. 답이 없다.

왜 그런가?

가치 기반이 다르기 때문이다.

백 년 전만 해도 보편적으로 공유되는 가치가 많이 있었지만, 현대에는 매우 드문 듯하다. 그래서 서로 동문서답할 수밖에 없다.

신이 없다고 생각하는 사람들에게는 어차피 다른 것도 별 의미가 없다. 자기가 창조주이고, 자기가 주인(主人)이기 때문에 그야말로 마음대로 살면 된다. 기독교 신앙의 본질은

---

3 "영혼 없는 몸이 죽은 것같이 행함이 없는 믿음은 죽은 것이니라"(약 2:26).

결국 하나님을 진심으로 믿고 경외하는가로 귀결된다. 인간의 근간(根幹)은 창조주 하나님이기 때문이다.[4]

하나님의 긍휼

인간이 어떤 존재인가를 제대로 안다면, 인간이 하나님께 구할 것은 '긍휼' 밖에 없다는 것을 잘 알 것이다.

Κύριε ἐλέησον(키리에 엘레이손, 헬라어로 "주여, 불쌍히 여기소서")!

많은 사람이 결코 바벨탑을 포기하지 않는다. 내 신앙이 원시적으로 보인다면 바로 그 때문일 것이다. 그들은 점점 도도해지고, 나는 점점 원시적이 된다. 어쩔 도리가 없다. 그들과 나는 애초에 가는 길이 다르기 때문이다.

인간이 불완전한 것은 인간은 누구나 하나님의 긍휼을 의지할 수밖에 없다는 것을 깨닫게 하기 위함인 듯하다. 인간

---

4 "내가 땅의 기초를 놓을 때에 네가 어디 있었느냐"(욥 38:4).
"노래하는 자와 뛰어 노는 자들이 말하기를 나의 모든 근원(생명, 구원, 기쁨)이 네(시온성, 즉 하나님)게 있다 하리로다"(시 87:7).
"땅에 기초를 놓으사 영원히 흔들리지 아니하게 하셨나이다"(시 104:5).

이 불완전함을 모를 때는 교만할 수도 있겠지만, 그것을 알고는 그럴 수 없을 것이다. 빛이라고는 찾아볼 수 없는 칠흑 같은 어둠 속에서 인간이 구할 것은 단 하나, 하나님의 긍휼 밖에 없다. 이것이 유일한 구원의 빛줄기이기 때문이다. 그런 상황에서도 "내가!"라는 것이 남아 있다면, 그는 정말 어리석은 인간이다. 그야말로 상황 파악이 안 되는 인간이다.

긍휼은 하나님만 주실 수 있는 선물이다. 그러나 우리가 분명히 알아야 할 것이 하나 있다. 하나님은 어떤 죄도 용서하실 수 있지만, 어떤 죄도 회개(悔改) 없이는 용서하시지 않는다는 사실이다.

우리가 실수나 고의로 죄를 지을 수는 있지만, 완악(頑惡)해서는 안 된다. 즉, 끝까지 죄를 정당화하거나 옹호해서는 안 된다는 뜻이다. 양심이 마비된 곳에는 긍휼도 자비도 없다.

이 세상의 마지막 종교

이 세상의 마지막 종교는 과연 어떤 종교일까?
유교일까, 불교일까, 이슬람교일까, 힌두교일까?

물론, 많은 종교가 세상 끝날까지 공존할 것이다. 이 질문은 그런 맥락에서 던지는 것이 아니다. 이것은 과연 어떤 종교가 모든 소망이 끊어진 세상 끝날에도 구원을 담보할 수 있는지, 허우적거리는 인간을 실제로 구원할 능력이 있는 종교는 무엇인지 묻는 질문이다.

 말하자면, 명상(冥想)도, 수양(修養)도, 무아(無我)도, 해탈(解脫)도, 인내(忍耐)도 더 이상 작동하지 않을 때 진정한 소망이 될 수 있는 종교가 있다면 그것이 과연 어떤 종교인가 묻는 질문이다. 말장난이 아니라 실제로 말이다.

 사실 기독교 외에는 그럴 만한 종교가 없다. 다른 종교는, 진통제처럼 일시적인 위안을 줄 수 있을지는 몰라도, 궁극적인 구원에 이르는 데는 아무런 도움이 되지 못한다. 교회가 부패하면 안 되는 이유도 바로 그 때문이다.

 교회는 세상에 하나님을 올바로 전해야 한다. 교회를 통해 하나님을 알 수 없다면 그것은 교회라고 할 수 없기 때문이다.

 성경과 교회는 인류의 마지막 희망이다. 산전수전(山戰水戰) 다 겪고도 답이 없을 때 마지막으로 기댈 수 있는 것이 성경이요, 그 성경을 통해 하나님을 알고 예배하는 공동체가 바로 교회이기 때문이다. 교회에 희망이 없다면 더 이상 기댈 곳은 없다. 다른 종교를 믿어도, 해와 달을 믿어도 소용없다는 말이다.

그런 의미에서 기독교는 다른 종교와 차원이 다르다. 기독교는 정신을 수양하거나 도를 닦거나 공덕을 쌓거나 복을 빌거나 마음의 위안을 얻으려는 종교가 아니다. 정성이나 행위 또는 의식을 통해 어떤 경지에 도달하거나 고통을 벗어나거나 구원받는 종교가 아니라는 말이다.

성경만큼 인간의 정체성과 목적을 명확하게 밝혀 주는 책도 없다. 창조와 죄, 구원, 질서 같은 원리에 대해서도 그러하다. 인간과 신, 자연은 결코 분리될 수가 없다. 어느 하나라도 배제하면 어떠한 규명도 원천적으로 불가능하기 때문이다. 신 없는 인간, 인간 없는 신, 자연 없는 인간, 신 없는 자연 이 모두가 불가능하다.

그런 의미에서 이 세상의 마지막 종교는 기독교인 것이 분명하다. 기독교를 굳이 종교라는 범주에 넣는다면 말이다. 인생의 문제를 근본적으로 풀어 줄 종교는 오직 기독교밖에 없다. 다른 종교도 인간이 살아가는 데 많은 도움이 되기는 하지만, 대개는 부분적이거나 불완전하므로 궁극적인 구원에 이르는 데는 도움이 되지 못한다.

다른 창조주

지금 가장 큰 문제는 인간 스스로가 어떤 존재인지를 잘 모른다는 것이다. 사실 내가 이해가 안 되는 부분도 바로 이 부분이다. 인류가 이루어 놓은 문명 대부분은 이해가 되지만 가장 중요한 인간의 정체성, '인간은 무엇인가'라는 문제는 여전히 불명확하다고 생각한다. 인간론, 인간학 등 수많은 영역에서 이 문제를 다루어 왔고, 또 상당히 일리가 있어 보이기도 하지만, 100퍼센트 신뢰가 가지는 않는다.

'성경'이라는 믿을 만한 것이 있기는 하지만, 문제는 성경대로 사는 사람을 보기 어렵다는 것이다. 성경에 대한 말은 많이들 하지만, 진짜 성경을 믿고 성경대로 사는 사람은 거의 본 적이 없기 때문이다. 지금 나의 고민은 그 언저리 어디인가를 맴돌고 있다.

인간이 지금껏 이룬 문명은 대단하고 놀랍다. 그러나 그것이 정말 대단하고 놀라운 것인지는 확답하기 어렵다. 사실 나도 문명의 위대성을 믿고 싶을 때가 많다. 그 정도로 인류가 쌓아 온 업적이 좋아 보이고 놀랍기 때문이다. 놀라고도 남는다는 표현이 더 정확할지도 모르겠다. 하지만, 가끔은 '그것이 맞나?'라는 의문이 드는 것도 사실이다.

이 문제를 해결할 유일한 존재는 신(神)인데, 신은 초월적이어서 인간의 눈에는 보이지 않는다는 것이 문제다. 보이는 것은 또 신으로 인정할 수가 없다.

물론, 보이는 신이라고 하는 것은 죄다 죽은 것밖에 없다.[5] 신에게 이르는 데 가장 방해가 되는 것은 아이러니하게도 보이는 것들, 너무나도 명확하게 보이는 것들이다. 성경에서는 그런 것들을 우상(偶像)이라고 한다.

하나님을 진정으로 경외하는 형제나 자매 한 사람도 보기 어려운 것이 지금의 현실이다. 디오게네스처럼 등불을 들고 샅샅이 뒤지는데도 말이다.[6]

인간은 인간을 잘 모른다. 사실은 아무것도 모른다. 개미처럼, 꿀벌처럼 그저 자기 좋을 대로 살아갈 뿐이다. 유일한 잣대인 성경도 자기 입맛대로 요리한다. 인간은 창조주 앞에서 열심히 창조주를 찾고 있다. 다른 창조주 말이다.

---

[5] "그들의 우상들은 은과 금이요 사람이 손으로 만든 것이라 입이 있어도 말하지 못하며 눈이 있어도 보지 못하며 귀가 있어도 듣지 못하며 코가 있어도 냄새 맡지 못하며 손이 있어도 만지지 못하며 발이 있어도 걷지 못하며 목구멍이 있어도 작은 소리조차 내지 못하느니라 우상들을 만드는 자들과 그것을 의지하는 자들이 다 그와 같으리로다"(시 115:4-8).

[6] 고대 그리스의 철학자 디오게네스는 사람다운 사람을 찾아 대낮에 등불을 켜고 거리를 돌아다녔다고 한다.

이 얼마나 우스운 일인가!

성경에서는 그런 것을 음행(淫行)이라고 한다.

인간은 하나님의 은혜로 살지 않는다

남편이 없으면 안 될 것처럼 난리인 아내가 있다고 하자. 그녀는 남편에게 "당신이 내 인생의 전부"라고 한다. 하지만, 실상은 그렇지 않다.

딴 남편이 있기 때문일까?

인간에게 하나님의 은혜도 이와 비슷한 듯하다. 인간은 하나님의 은혜로 살지도 않지만, 굳이 그럴 필요도 없어 보인다. 그냥 사는 듯하다. 잘 살아가는 것 같다. 은혜 아니면 안 된다고, 모든 것이 은혜라고 노래는 하지만, 실제로는 그렇지 않은 듯하다.

벌써 두 집 살림을 차렸기 때문일까?

그래서 은혜 없이도 잘 사는가?

엉큼하다. 구린내가 난다. 뻔뻔스럽다. 모든 것이 은혜라고 노래는 부르지만, 인간은 결코 은혜로 살지 않는다.

확인하는 방법은 매우 간단하다. 이런 사람들에게 유용한 것이 양자택일이다.

세상?

하나님?

이런 사람들은 십중팔구 둘 다 필요하다고 할 것이다.

앙증맞지만 가짜다!

우리는 정말 하나님을 믿는가

우리는 얼마나 종교적이면서 얼마나 하나님과 멀어질 수 있는지 자주 경험한다. 이 말이 의아하게 들릴 수도 있을 것이다. 그러나 사실이다. 열심히 하는 그 신앙생활이 오히려 하나님께 나아가는 것을 방해하는 경우가 많다.

우리는 바리새인을 율법주의, 행위주의라고 비난하지만, 정작 우리의 예배와 찬양, 기도, 헌금, 전도, 봉사, 양육에 대해서는 제대로 보지 못하는 듯하다. 다들 다른 사람에 대해서는 치료가 급하다고 난리지만, 정작 자신은 건강하다고 착각하는 듯하다. 자기중심적이라는 뜻이다.

이것이야말로 자기 눈 속에 있는 들보(마 7:3)를 보지 못하는 것 아닌가?

이 사람들이야말로 응급실에 가야 하는 중환자들 아닌가?

아마 해묵은 종교적 관성(慣性)이 그렇게 만들어 버린 듯하다. 참으로 서글픈 현실이다. 예수님이 말씀하셨다.

> 내가 너희에게 이르노니 너희 의가 서기관과 바리새인보다 더 낫지 못하면 결코 천국에 들어가지 못하리라(마 5:20).

예수님은 우리에게 서기관과 바리새인보다 더 나은 의를 요구하신다. 여기서 '의'라고 하는 것은 하나님은 안중에도 없이 그저 자신이 보기에 좋은 대로 행하는 종교 행위를 말하는 것이 아니다.

우리는 정말 하나님을 믿는가?

행위와 중심

그리고 보니 성도들도 세상 사람들이 하는 방식으로—거품 물고 행위를 부정하면서도—마음을 표현하고 있다.

만나지도 못하고 선물도 주지 못한다면 어떻게 사랑하는 마음을 표현할 수 있을까?

불가능할 것이다. 하지만, 정말 사랑하는 사람은 가능할 것이다. 신앙생활도 그런 것 같다.

중심(中心, 마음)을 보시는 하나님께 정말 중심으로만 사랑할 수 있는 성도가 과연 얼마나 될까?

모르기는 해도 거의 없을 듯하다.

그러니까 예배, 찬양, 기도, 헌금, 헌신, 봉사, 전도, 성경 읽기, 성경 쓰기와 같은 보이는 것에 열심을 내고 정성을 다하는 것이 아닐까?

우리에게는 이런 종교적인 행위 없이 중심으로만 하나님을 사랑하는 훈련이 절실하다. 하나님이 진노하시기 전에 말이다.[7]

우리는 대개 율법주의나 바리새인에 대해 비판적이지만, 오해하는 부분도 많다. 보통 바리새인들이 너무 철저하게 또는 너무 열심히 율법을 지키려고 하는 것을 문제 삼지만, 사

---

7 "만군의 여호와가 이르노라 너희가 내 제단 위에 헛되이 불사르지 못하게 하기 위하여 너희 중에 성전 문을 닫을 자가 있었으면 좋겠도다 내가 너희를 기뻐하지 아니하며 너희가 손으로 드리는 것을 받지도 아니하리라" (말 1:10).

실 문제는 다른 곳에 있다. 율법을 온전히 지킨다는 것도 쉬운 일은 아니지만, 어렵다거나 불가능하다는 것이 문제의 핵심은 아니다. 설령 우리가 율법을 온전히 지킨다고 하더라도, 하나님의 뜻을 이루는 온전한 마음이 아니라 자기의(自己義)가 중심에 있다면 하나님과 아무런 관계가 없다는 것이다.

〈포도나무〉 비유[8]가 그래서 중요하다. 우리가 예수 안에 거해야지 바깥에 분리되어 있는 한, 어떤 대단한 것도 의미가 없다. 자기의가 되는 것이지 하나님과는 아무 관계가 없다는 말이다. 하나님이 주인이 아니라 여전히 내가 주인(主人)이기 때문이다.

결론적으로 우리가 무엇을 하는가는—드럼을 두드리며 예배하든, 오르간으로 예배하든—때로 그리 중요하지 않을 수도 있겠지만, 우리의 마음이 어디에 있는가는 너무너무 중요하다. 문제는 우리 스스로가 하나님 안에 있는지 하나님 밖에 있는지 잘 모른다는 것이다.

---

8 "나는 포도나무요 너희는 가지라 그가 내 안에, 내가 그 안에 거하면 사람이 열매를 많이 맺나니 나를 떠나서는 너희가 아무것도 할 수 없음이라" (요 15:5).

하다 보니 예수 밖에서 근사하게 신앙생활을 하고 있다면 얼마나 당황스럽겠는가!

직접적으로 하나님을 대적하는 것이야 두말할 필요도 없겠지만, 자칫하면 우리가 하나님을 엄청나게 사랑한다고 하면서도 하나님과 아무런 관계가 없을 수도 있다.

인간관계도 마찬가지다. 가장 가까운 연인이나 부부 또는 부모와 자식 간의 관계에서 자주 보는 현상인데, 무척 사랑해서 하는 행동이 상대방에게 오히려 깊은 상처만 주는 경우가 있다. 대개가 나 중심의 사랑에서 오는 결과이다. 그래서 "내가!"를 앞세우는 것은 위험하다.

본회퍼가 그의 『윤리학』에서 지적하고 있듯이 "하나님은 사랑이시라"(요일 4:16)에서 사랑이 아니라 하나님이 주어라는 사실이 매우 중요하다.[9] 사랑이 하나님이 아니라 하나님이 사랑이시라는 말이다.

---

[9] 디트리히 본회퍼, 『윤리학』, 장현숙 옮김 (복있는사람, 2022), 106-107.
"성경은 하나님은 사랑이시라고 말한다. 이 문장을 분명하게 이해하기 위해서는 우선 '하나님'이라는 단어를 강조해서 읽어야 한다. 그러나 우리는 사랑이라는 단어를 강조하는 데 익숙해져 있다. '하나님'이 사랑이다. 다시 말해 인간의 태도, 신념, 행위가 아니라, 하나님 자신이 사랑이다. 오직 하나님을 아는 자만이 사랑이 무엇인지를 알 수 있다. 앞뒤 순서를 바꾸어 자연스럽게 사랑이 무엇인지를 알고, 그 후에 하나님이 어떤 분인지 알게 되는 것이 아니다."

오직 하나님을 아는 자만이 사랑이 무엇인지를 알 수 있다. 우리는 이것을 잘 놓친다. 사랑도 내가 할 수 있는 것이 아니다. 내가 주체가 되어 사랑하려 한다거나 행동하려고 하면, 자칫하면 자기의에 빠지게 된다. 예배도, 찬양도, 기도도, 전도도, 봉사도, 구제도 마찬가지다.

그래서 "내가!"가 위험하다. "비판하지 말라"(마 7:1)라는 것도 그러한 맥락에서 이해해야 한다. 은혜라는 말이 그래서 중요하다. 하나님이 하신다는 것이다. 아무것도 하지 말라는 의미가 아니다. 죽도록 하되 하나님의 뜻대로, 하나님 안에서, 하나님이 공급하시는 힘으로 하라는 것이다.

우리의 신앙생활에서 모든 형식(종교 행위)을 걷어 낸다면 어떻게 하나님께 예배할 수 있을까?

그러나 한 번쯤 예배의 모든 형식을 걷어 낼 필요가 있다. 우리의 중심을 확인하기 위해서이다. 마지막에 남는 것이 무엇인지 몹시 궁금하다. 아무것도 없을지, 하나님을 사랑하는 마음만 오롯이 남을지 ….

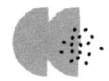

제5장

거룩의 미학

 인간에 대해서 이야기하다가 느닷없이 거룩이라는 주제를 꺼내서 의아해할 수도 있겠지만, 거룩은 한국 교회는 물론, 한 인간으로서도 간과할 수 없는 매우 중요한 개념이다.

 '깨끗하다', '구별되다'라는 뜻을 지닌 거룩은 하나님과 그의 백성인 성도, 더 나아가서 기독교와 교회의 정체성이요 가장 중요한 속성이라고 할 수 있다.

 거룩을 말하지 않고는 하나님을 제대로 설명할 수 없고, 하나님을 말하지 않고는 인간을 제대로 설명할 수 없다. 앞에서도 누누이 강조했듯이, 하나님을 모르고는 결코 인간을 이해할 수 없다는 것이 핵심이다. 또한, 하나님을 알려면 하나님의 속성인 거룩을 반드시 알아야 한다.

거룩의 사전적 의미

먼저 '거룩'의 사전적 의미를 한번 살펴보자!
『위드 바이블』과 『라이프 성경사전』에 정리가 잘되어 있어서, 이해하는 데 큰 어려움이 없으리라 생각한다.
『위드 바이블』을 보면, 거룩을 이렇게 설명하고 있다.

> 구약에서 거룩은 속된 것으로부터의 구별을 의미하였다.

속된 것으로부터의 구별!
이 '구별'이라는 말이 매우 중요하다.

> 땅이나 모임, 나라 등에 사용된 거룩은 특별히 하나님의 소유, 하나님께 바쳐진 상태를 의미한다.

하나님께 바쳐졌다!
구별돼서 하나님께 바쳐졌다는 것이다.

> 이스라엘을 거룩한 나라로 부른 이유도 하나님께서 이스라엘을 다른 나라들로부터 구별하셨기 때문이며, 하나님께 속

한 나라였기 때문이다. 거룩은 하나님께 속한 것이다. 또한, 거룩은 하나님의 본질적인 성품 중 하나이다. … 신약 시대에는 그리스도인들을 성도로 불렀는데, 이 칭호는 적어도 2세기까지 일상적으로 사용되었고, 그 이후에는 존경을 나타내는 명칭으로 서서히 바뀌어 갔다. 신약은 거룩함의 윤리적 성격을 강조한다. 이를 그리스도인의 최고의 가치이며 목표로 제시한다.

중요한 말이다. 그리스도인, 즉 성도의 최고의 가치이며 목표는 거룩함이라는 것이다.
『라이프 성경사전』은 거룩을 이렇게 설명한다.

성경 원문에서는 다양한 단어들이 사용되었는데, 그 기본 의미가 '구별하다', '분리하다', '구분하다', '깨끗하게 하다'라는 공통점을 가지고 있다. 즉, 죄악과 부정으로부터 철저히 자신을 분리시키고, 오직 하나님의 소유로서 자신을 구별하여 드리는, 변화된 상태를 가리킨다. 그리고 세상의 속되고 부패한 행실이나 풍습에서 구별되어 하나님의 법대로 살아가는 것을 가리키기도 한다.

특히, 신약성경에서는 죄악과 구별된 도덕적인 삶이나, 세속적이고 비신앙적인 것으로부터 자신을 엄격하게 구별하는 경건한 행위를 말한다.

거룩하다는 것은 때로는 경건하다는 것과 같은 의미로 사용되기도 한다. 성도들에게는 경건한 행위로 나타나기 때문이다.

거룩은 하나님의 속성 중에 가장 중심이 되는 성품이요, 하나님의 백성에게 첫 번째로 요구되는 명령이기도 하다. 그리고 성전, 성물, 제사, 하나님께 제사 드리는 절기, 하나님의 백성인 성도 등 거룩하신 하나님과 관련된 모든 것 역시 지극히 거룩하다.

거룩은 지금까지 살펴본 것처럼 하나님의 속성 가운데 가장 중심되는 성품이요, 하나님의 백성에게 가장 중요한 명령이다. 또한, 하나님의 소유로 구별되었다는 의미와 함께 성도의 깨끗한 마음과 행실을 의미하기도 한다.

하나님은 누구신가

우리가 거룩을 제대로 이해하기 위해서는 먼저 하나님을 제대로 알아야 한다.

하나님은 누구신가?

전지전능하신 하나님, 만군의 하나님, 사랑의 하나님 등 많은 표현이 있겠지만 하나님의 가장 중요한 속성을 한 단어로 나타낸다면, 아마 '거룩'보다 더 적절한 단어는 없을 것이다. 거룩은 모든 것을 아우를 수 있지만, 다른 것이 다 들어가더라도 거룩이 빠지면 심각한 결함이 생길 수밖에 없을 정도로 핵심적인 개념이다.

거룩하다는 것은 한마디로 차원이 다르다는 것을 의미한다. 완전히 구별된다는 의미이다. 그래서 신(神)의 속성이라고 하는 것이다. 거룩은 하나님의 완전하심과 깨끗하심 그리고 하나님의 크신 영광을 나타내는 단어이기도 하다.

하나님은 거룩하시므로 인간을 심판하실 수 있다. 하나님께서 우주 만물의 주인(主人)이시자 그런 권위를 가지신 분인 이유도 거룩하시기 때문이다. 하나님은 거룩하시므로 인간과는 차원이 다른 사랑을 베푸실 수 있고, 또 죄로 인해 영원한 사망에 이를 수밖에 없는 인간을 구원하실 수 있다.

우리가 가장 오해하고 있는 것은, 사랑이 거룩에 우선한다는 것이다. 아니다. 순서가 뒤바뀌었다. 그것은 매우 위험한 사상이기도 하다.

이스라엘의 위대한 지도자 모세도 거룩의 문제로 하나님께 두 번이나 경고를 받았다.

첫 번째는 불붙은 떨기나무 앞에서였다.

> 하나님이 이르시되 이리로 가까이 오지 말라 네가 선 곳은 거룩한 땅이니 네 발에서 신을 벗으라(출 3:5).

하나님은 모세에게 가까이 오지 말고 신을 벗으라고 하셨다. 모세가 이렇게 해야 했다면 다른 사람은 말할 것도 없다. 인간은 누구를 막론하고 하나님 앞에서는 신을 벗어야 한다. 가까이 가기 전에 먼저 신부터 벗어야 한다. 하나님의 거룩하심을 아는 것이 하나님의 사랑을 아는 것보다 선행되어야 한다는 의미이다.

두 번째는 아들에게 거룩의 상징인 할례를 제때 행하지 않았을 때이다. 이때 그는 죽을 뻔했었다.

> 모세가 길을 가다가 숙소에 있을 때에 여호와께서 그를 만나사 그를 죽이려 하신지라(출 4:24).

하나님이 모세보다 더 사랑하신 인간이 있었는가?

그러나 하나님은 거룩한 분이시다.

징계 없는 따뜻한 사랑?

그것은 하나님의 사랑을 싸구려로 오해하게 만들기도 하지만, 더 큰 문제는 하나님이 없는 사랑으로 전락될 가능성이 크다는 것이다.

복음 없이 그저 "하나님은 사랑이시라"(요일 4:16)를 문자적으로만 이해한다면 위험해진다. 교회나 세상이나 이미 많은 사람이 "사랑이 하나님이다"라고 뒤집어 놓았다. 아니, 거꾸로다. 하나님이 사랑이시다.[1]

---

[1] 디트리히 본회퍼, 『윤리학』, 장현숙 옮김 (복있는사람, 2022), 106-107.
"성경은 하나님은 사랑이시라고 말한다. 이 문장을 분명하게 이해하기 위해서는 우선 '하나님'이라는 단어를 강조해서 읽어야 한다. 그러나 우리는 사랑이라는 단어를 강조하는 데 익숙해져 있다. '하나님'이 사랑이다. 다시 말해 인간의 태도, 신념, 행위가 아니라, 하나님 자신이 사랑이다. 오직 하나님을 아는 자만이 사랑이 무엇인지를 알 수 있다. 앞뒤 순서를 바꾸어 자연스럽게 사랑이 무엇인지를 알고, 그 후에 하나님이 어떤 분인지 알게 되는 것이 아니다."

"사랑, 사랑" 하는 사이에 교회도 그렇게 변질되어 버렸다. 사랑은 사탕이 아니다. 고린도전서 13장의 "그중의 제일은 사랑이라"라는 말씀을 문자적으로 잘못 해석하면 결국 기독교를 입만 쭉쭉 벌리는 제비처럼, 실체 없는 허상으로 만들어 버린다. 복음이 없는 구제와 사랑이 그래서 위험하다. 이것은 정체성에 관한 문제이다.

사랑은 언제나 거룩한 하나님을 전제로 한 것이다. 사랑을 만병통치약으로 여기지만, 하나님 없는 사랑은 일시적인 진통제에 불과하다. 온전한 사랑이 될 수 없다.

그래서 먼저 하나님을 바로 아는 것이 중요하다. 사랑의 주체는 거룩하신 하나님이다. 선물 자체가 아니라 선물을 주시는 분, 은혜가 아니라 은혜를 주시는 분이 본질이다.

디모데전서 6장 15-16절에서 사도 바울은 디모데에게 하나님에 대해 이렇게 말하고 있다.

> 하나님은 복되시고 유일하신 주권자이시며 만왕의 왕이시며 만주의 주시요 오직 그에게만 죽지 아니함이 있고 가까이 가지 못할 빛에 거하시고 어떤 사람도 보지 못하였고 또 볼 수 없는 이시니 그에게 존귀와 영원한 권능을 돌릴지어다 아멘(딤전 6:15-16).

이것이 바로 하나님의 거룩하신 속성을 나타낸 것이다. 하나님이 누구신지 제대로 모른다면, 만약 하나님이 거룩하신 분임을 깨닫지 못한다면 예배도, 찬양도, 사랑도, 우리의 어떤 신앙 행위도 성립될 수 없다. 그래서 먼저 신앙의 대상을 확인하고, 그분이 거룩하신 분임을 아는 것이 중요하다.

예수님은 거룩하신 분인가

기독교에서 예수님의 위치는 매우 명확한 듯하지만, 자주 오해 또는 왜곡되는 부분이기도 하다. 예수님의 존재가 기독교를 유대교와 구분하는 가장 핵심적인 부분이기도 하다.

예수님을 하나님의 독생자라고 하는데, 때로는 하나님보다 강조되는 측면이 있는 듯하다. 삼위일체 교리를 통해서 성부, 성자, 성령의 정체성을 명확하게 정의하고 있지만 헷갈리기도 한다.

심지어는 하나님의 대척점(반대편)에 예수님을 두기도 한다. 하나님은 엄격하고 무섭고, 예수님은 온유하고 너그러운 분이라는 식으로 말이다. 더 나아가 인간에게 더 친화적인, 친근한 교회 이미지를 부각하기 위해 거룩하신 하나님을 애써 외면하기도 한다. 그러나 그것은 명백한 오해이자 잘못이다.

아마 성경을 단편적으로 해석해서 그런 듯하다. 성경에서 하나님은 늘 신(神)으로 나타나고, 예수님은 인간(人間)의 모습으로 나타나기 때문일 것이다. 성부, 성자, 성령은 모두 동등한 신이시고 거룩하시다.

우리가 기독교 신앙의 주인공으로 여기는 예수님이 그의 아버지 하나님을 대하는 태도를 보면 그야말로 입을 다물 수밖에 없을 것이다. 하나님을 대하는 태도가 너무 깍듯하기 때문이다. 요한복음만 봐도 그 증거는 충분하다.

어떤 목사님은 예수님의 사랑을 너무 강조한 나머지, 인류를 구원하시기 위해 예수님이 독단적으로, 말하자면 하나님이 보내신 것이 아니라 예수님 스스로 이 땅에 오셨다고 하는데, 그것은 명백한 잘못이다. 요한복음 8장 42절에 보면 "나는 스스로 온 것이 아니요 아버지께서 나를 보내신 것이니라"라고 분명히 말씀하고 있다.

예수님은 성경에 늘 마음씨 좋은 인간의 모습으로 등장하지만, 그것은 어디까지나 인간의 죄를 대속하시기 위해 이 땅에 계셨던, 성육신(成肉身)하신 특정한 기간에만 유효한 것이다. 예수님은 본질상 신이시며, 하나님이시다. 하나님이 거룩하신 분인 것처럼 예수님도 거룩하신 분이다. 성령님도 마찬가지다. 그래서 삼위에 모두 '거룩할' 성(聖) 자를 붙여서 성부(聖父), 성자(聖子), 성령(聖靈)이라고 하는 것이다.

예수님을 거룩과 관련이 없는 분으로 생각하는 것은 정말 무지한 관점이다. 요한복음 17장 16-19절을 보면 예수님이 중보기도를 하신 내용이 있다.

> 내가 세상에 속하지 아니함같이 그들도 세상에 속하지 아니하였사옵나이다 그들을 진리로 거룩하게 하옵소서 아버지의 말씀은 진리니이다 아버지께서 나를 세상에 보내신 것같이 나도 그들을 세상에 보내었고 또 그들을 위하여 내가 나를 거룩하게 하오니 이는 그들도 진리로 거룩함을 얻게 하려 함이니이다(요 17:16-19).

기독교는 태생 자체가 다른 종교나 다른 사상과 결코 혼합되거나 희석될 수 없다. 속성 자체가 달라도 너무 다르기 때문이다. 그래서 기독교가 늘 배타적이라는 비난을 들을 수밖에 없는 것이다.

'예수' 하면 떠오르는 '세마포'[2] 역시 대표적인 거룩의 표상이다. 성도(聖徒)는 하나님께서 세상으로부터 구별하신 거룩한 백성이다. 인간을 구원하시기 위해 잠시 이 세상에 인간의 모습으로 오신 그 예수님이 바로 하나님이시고 거룩하신 분이라는 사실, 그리고 그분이 성도인 우리에게 거룩할 것을 명령하고 계신다는 사실을 결코 놓쳐서는 안 된다. 예수님은 거룩하신 하나님이시다.

거룩한 하나님의 백성, 성도

성도(聖徒)라는 말은 성경에서 거룩한 자들, 하나님께로 구별된 자들, 신실하며 헌신된 자들, 경건한 자들이라는 의미로 사용되고 있다. 성도라는 말이 그것을 잘 표현하고 있다. '성도'는 글자 그대로 '거룩한 무리'라는 의미이다.

성부, 성자, 성령 그리고 성도!

참 영광스러운 이름이다. 우리가 성도의 의미만 잘 기억한다고 해도 훌륭한 신앙생활을 할 수 있겠다는 생각이 든다.

---

2 세마포 옷은 성도의 영적 순결, 거룩한 행실을 상징한다(계 19:8, 14).

하나님은 흠이 없으신 깨끗한 분이시요, 인간과는 완전히 구별된 분이시다. 성도는 바로 그런 하나님께 속한 백성이다. 그래서 성도는 결코 '거룩'과 분리될 수가 없다.

우리가 거룩한 삶을 살아야 하는 이유는 단 한 가지다. 하나님께서 거룩하시기 때문이다. 하나님이 거룩하시므로 하나님의 자녀인 우리도 거룩할 수밖에 없다. 거룩은 하나님의 명령이자 성도의 정체성이다.

> 내가 거룩하니 너희도 거룩할지어다(레 11:45).

우리가 세상과 구별되어야 할 이유도 바로 이 말씀에 있다. 세속주의, 인본주의를 멀리해야 하는 이유도 바로 이 때문이다.

거룩은 바리새인이나 하는 것이라는 생각은 참으로 잘못된 생각이다. 바리새인은 그저 거룩한 척할 뿐이다. 예수님은 우리가 바리새인보다 나아야 한다고 말씀하셨다.

> 내가 너희에게 이르노니 너희 의가 서기관과 바리새인보다 더 낫지 아니하면 결코 천국에 들어가지 못하리라(마 5:20).

거룩한 척하는 것이 아니라 거룩해야 한다는 의미이다. 그래서 성도라고 하는 것이다. 거룩한 하나님의 백성의 이름이 성도이다. 이 이름이 얼마나 귀한지 모른다. 거룩이라는 것은 결코 부담스러운 것이 아니다. 하나님 안에서 사는 것이 바로 거룩한 삶이다. 그것은 매우 자연스럽고 신나는 일이다.

물고기가 물을 떠나서 살 수 없는 것처럼 성도가 하나님과 연합되지 않으면 결코 거룩한 백성으로 살아갈 수 없다. 그래서 성도는 속성상 자연스럽게 세속주의와 인본주의를 멀리할 수밖에 없다.

우리의 이름은 거룩한 무리, 성도다.

이런 영광스러운 이름을 거추장스럽다고 벗어던진다면 하나님께서 얼마나 슬퍼하실까?

거룩한 삶

내가 이렇게 거룩을 강조하면 성도들이 대체로 두 가지 반응을 보인다. 하나는 '율법주의', '행위주의'라며 강하게 거부하는 반응이고, 다른 하나는 고개는 끄덕이지만 부담스럽다는 반응이다. 여하튼 우리가 성도, 거룩한 하나님의 백성이라는 것도 인정하고, 거룩이 하나님께나 성도에게나 중요한 성품이라는 것도 인정하지만, 결국에는 거리를 두게 되는 것이 현실이다.

먼저, 많은 성도가 오해하는 율법주의, 행위주의에 대해 말하고자 한다. 우리가 율법주의, 행위주의라고 하는 것은 대개 구원과 연결되어 있다. 쉽게 말하면 행위를 통해, 노력을 통해 구원받을 수 있다는 전제이다. 그러나 단언하건대 거룩한 삶이란 그런 것을 말하는 것이 아니다. 구원받기 위해 거룩하게 살아야 한다는 것이 아니라는 말이다. 인간이 구원받는다는 것은 전적으로 하나님의 은혜로만 가능하기 때문이다.

거룩한 삶이란 결코 구원의 도구나 구원의 조건이 될 수 없다. 구원은 하나님께서 예수 그리스도의 십자가 죽음을 통해서 우리의 모든 죄를 용서해 주셨다는 사실을 온전히 믿고 고백하는 사람, 즉 성도에게 허락하시는, 하나님의 은혜요 선물이다. 거룩한 삶이란 그 이후에 따라오는 것이다.

다시 말하면, 구원받으려고 거룩한 삶, 경건한 삶을 사는 것이 아니라, 성도라고 불리는, 이미 구원받은 사람이 구원받은 그때부터 거룩하고 경건한 삶을 살아가게 된다. 즉, 구원의 결과로 거룩한 백성, 즉 성도가 되는 것이다. 이 순서가 매우 중요하다.

그러나 유의할 것은 우리가 예수님을 믿기로 작정하고 세례를 받았을 때, 바로 우리의 영과 육이 온전하게 거룩해지는 것은 아니라는 사실이다. 구원받은 성도는 자연적으로 거룩하고 경건한 삶을 추구하게 되며, 평생 이런 성화(聖化)의 과정을 거쳐 언젠가 온전한 거룩에 이르게 된다.

그런데 여기에서 중요한 것이 하나 더 있다. 앞에서 "하나님께서 예수 그리스도의 십자가 죽음을 통해서 우리의 모든 죄를 용서해 주셨다는 사실을 온전히 믿고 고백하는 사람"이 성도라고 했는데, 만약 평생 몇십 년 동안 신앙생활을 해도 거룩하고 경건한 삶을 살지 못하고 있다면, 이 "온전하게 믿는가"라는 문제를 심각하게 고민해 볼 필요가 있다.

입으로 고백하고, 세례받고, 성도처럼 행동은 하지만—집사든, 권사든, 장로든, 목사든—거듭나지 못했을 수도 있다. 말하자면, 신앙생활을 시작하며 하나님이라는 콘센트에 연결된 줄 알았는데, 알고 보니 콘센트에 연결된 것이 아니라 스스로의 힘으로 그런 척하고 살았을 수 있다는 의미이다.

무엇을 보고 알 수 있을까?

바로 거룩하고 경건한 삶을 살고 있는가, 그렇지 않은가를 보고 알 수 있다. 도를 닦으며 그런 척하는 것이 아니라 마음속에서부터 그렇게 되어야 한다는 말이다.

더 정확하게 말하면, 내가 진정한 하나님의 백성, 성도라면 내가 그렇게 하는 것이 아니라 하나님께서 그렇게 하신다. 예배도, 찬양도, 헌금도, 기도도, 전도도, 봉사도, 사랑도 내가 하는 것이 아니라 내 속에 거하시는 하나님께서, 성령님이 나를 거룩하고 경건한 삶으로 이끄신다.

스스로 한번 확인해 볼 필요가 있다. 내가 진정한 성도인가, 아닌가 말이다. 매우 명확하고 간단한 자가 진단법이 있다. 그것은 "내가 내 인생의 주인(主人)인가, 하나님께서 내 인생의 주인이신가" 하는 질문을 던져 보는 것이다. 그것은 매우 중요한 질문이다.

하나님과 연결되지 않은 사람은 거룩하고 경건한 것을 좋아할 수가 없다. 그냥 구닥다리라고, 형식주의라고 치부(置簿)한다. 하나님의 참백성이 아니기 때문이다.[3]

---

3 "너희가 내 양이 아니므로 믿지 아니하는도다 내 양은 내 음성을 들으며 나는 그들을 알며 그들은 나를 따르느니라"(요 10:26-27).

하나님께서 내 삶의 유일한 주인이시라는 믿음이 분명하다면, 당신은 하나님의 자녀가 틀림없다. 하나님과 연결된 성도는 거룩하고 경건한 삶이 너무 쉽고 자연스럽다. 억지로 하지 않는다. 만약 그렇지 않다면, 마치 아내나 남편과 함께 있으면 부담스럽다고 하는 것이나 마찬가지다.

이상하지 않은가?

그것은 진정으로 사랑하는 관계가 아니다. 거룩한 하나님과 연결되어 있는데, 거룩하고 경건한 것을 "율법주의다" 또는 "행위주의다"라며 거부하거나 싫어하거나 부담스러워한다면 오히려 이상한 것이다.

교회 다닌다고 다 성도가 아니다. 교인은 많지만, 성도는 정말 귀하다. 드물다는 의미이다.[4] 참 안타까운 일이다. 성도는 '좁은 길'을 걸어가는 사람이다. 성도는 세상으로부터 구별되었기 때문이다. 그래서 미움을 받는 것이 이상한 일이 아니라 당연하다. 예수님이 그렇게 말씀하셨다.

> 세상이 너희를 미워하면 너희보다 먼저 나를 미워한 줄을 알라 너희가 세상에 속하였으면 세상이 자기의 것을 사랑할 것이나 너희는 세상에

---
4 "그러나 인자가 올 때에 세상에서 믿음을 보겠느냐 하시니라"(눅 18:8).

속한 자가 아니요 도리어 내가 너희를 세상에서 택하였기 때문에 세상이 너희를 미워하느니라(요 15:18-19).

마지막으로 한 가지 더 언급할까 한다. 믿음으로 하나님과 연결되어 있지만, 거룩하고 경건하게 살아가기가 어려울 수도 있다. 이때 비록 거룩하고 경건하게 살아가는 것이 잘 안 된다 하더라도, 여전히 거룩하고 경건한 삶을 사모하며 기도하고 갈망하고 있다면, 너무 걱정할 필요는 없다. 성화는 하루아침에 이루어지는 것이 아니기 때문이다. 부족한 것과 거부하는 것은 전혀 다른 것이다. 이런 사람은 염려하지 말고, 비록 느리지만 성실하게 하나님을 따라가면 된다.

우리는 빛의 자녀다. 그러기에 어두움보다 빛을 더 좋아할 수밖에 없다. 성도가 거룩하고 경건한 삶을 갈망하는 이유도 마찬가지다. 성도는 거룩한 하나님의 자녀이기 때문이다.

거룩한 공동체, 교회

교회는 하나님의 거룩한 공동체이다. 한 가족이라는 의미이다. 공동체는 공동체인데 '거룩한' 공동체라는 것이 중요하다. 성도는 그런 거룩한 공동체에 속해 있다. 그래서 연합이나 지체(肢體)라는 말이 중요하다. 여기에는 예외가 없다. 이 공동체는 일반적으로 가시적인 공동체를 가리키겠지만, 꼭 그렇지 않을 수도 있다. 물리적으로는 떨어져 있을 수도 있다. 그러니까 '가나안 신자'[5]도 진심으로 하나님을 믿는다면 이 공동체에 속해 있다는 뜻이다.

> 나는 포도나무요 너희는 가지라 그가 내 안에 내가 그 안에 거하면 사람이 열매를 많이 맺나니 나를 떠나서는 너희가 아무것도 할 수 없음이라 (요 15:5).

성도는 먼저 예수님과 연합되어야 하고, 동시에 성도 간에도 연합을 이루어야 한다. 그것이 교회다. 예수님의 이름으로 두세 사람이 모이면 교회가 되겠지만, 또 전 세계 곳곳에 흩어져 있는 모든 교회가 하나의 거대한 공동체이기도 하다.

기독교는 이런 공동체 의식이 매우 중요하다. 이것은 단지 물리적으로 붙어 있어야 한다는 의미가 아니다. 사랑의 공동체라는 것도 그저 친절하게, 사이좋게 지낸다는 의미가 아니

---

[5] 신앙은 갖고 있지만 공동체 생활을 하지 않는 신자를 의미한다.

다. 다른 목적이나 이유가 아닌 예수님의 피로 하나 된 생명의 공동체를 말하는 것이다. 한 몸에서 눈이나 심장, 팔, 다리 같은 지체가 떨어질 수 없는 것처럼 교회나 성도도 따로 떨어질 수 없고, 떨어지면 곧 죽는다는 의미이다. 내가 아프면 다른 성도도 아프고, 다른 교회가 아프면 우리 교회도 아프다는 의미이다. 이것이 진정한 교회다.

지금 한국 교회는 어떠한가?

교회가 서로 경쟁하기에 바쁘다. 무늬만 교회지 그 속은 세상 기업이나 사교 단체나 별다를 바 없는 교회가 많은 듯하다.

"예수, 예수"라고 노래는 하지만, 교회끼리도 연결되어 있지 않고, 예수님과도 연결되어 있지 않다. 생명으로 연결되어 있지 않다는 의미이다. 이는 열매를 보면 금방 알 수 있다. 거룩한 하나님의 공동체는 나쁜 열매를 맺을 수 없다. 나쁜 열매를 맺는 교회가 많다는 것은 한마디로 짝퉁 교회, 가짜 교회가 많다는 것이다.

교회, 성도는 본질적으로 거룩한 존재이다. 그러니까 거룩하지 않은 것은 하나님의 공동체라고 하지 않는다는 의미이다. 우리가 만약 진정한 성도요, 진정한 교회라면 거룩하지 않을 수 없다. 성도와 교회의 가장 중요한 속성이 거룩, 즉 하나님께서 세상으로부터 특별히 불러내어 구별하신 것이기 때문이다(요 15:18-19).

세상 사람들은 다들 가면 하나씩을 쓰고 살아간다. 안타깝게도 교인들은 더 두꺼운 가면을 쓰고 있는 듯하다. 거룩한 척, 경건한 척, 신앙이 좋은 척해야 하기 때문이다.

가면을 쓰고 살아가는지 그렇지 않은지는 스스로 점검할 수 있다. "나는 과연 삶에서 진실한가" 하고 스스로 질문을 던지면 된다. 내 신앙이 교회에서나 가정에서나 직장에서나 나의 모든 삶에서 동일하게 나타나는지 점검해 보면 된다. 만약 어디에서나 동일하다면 가면이 없는 진짜 성도가 맞다. "그렇다"라고 확실히 대답할 자신이 없다면 가면을 쓰고 있을 가능성이 크다. 그것을 위선이라고 한다. 꼭 한번 점검해 보기를 바란다.

우리는 대부분 위선적인 삶을 살고 있다. 이 세상에서 잘 살기 위해 또는 인정받기 위해서 그렇게 산다. 안타까운 사실은 교인이 더 그렇다는 것이다.

이것은 신앙의 성숙도를 이야기하는 것이 아니다. 성도인가, 아닌가의 문제이다. 초대 교회로 시작된 교회가 시간이 지나며 속수무책으로 분열되어 왔다. 서로 이단이라고 하지만 실상 누가 이단인지, 누가 정통인지 구분도 잘 안 된다.

이제는 통합, 혼합한다고 정신이 없다. 마치 교회들이 세상을 얼마나 많이 닮아 가는지 대회라도 하는 듯하다.

희한한 교회가 참 많다. 늑대인지 양인지 구분이 되지 않는다. 하는 행동은 늑대인데, 생긴 것은 꼭 양처럼 생겼다. 하나님도, 성경도 그대로인데 교회는 원래의 형체를 찾기 어려울 정도로 변질되어 버렸다. 예배하고 찬양하는 모습을 보니, 아무리 봐도 거룩한 하나님의 백성은 아닌 듯하다. 교회라고 하기에는 민망할 정도이다.

'나는 아니겠지', '우리 교회는 아니겠지'라고 생각하지 말고, 우리 모두 진지하게 자신이 속한 교회의 모습을 한번 돌아보았으면 한다. 이제 한국 교회가 '척'하던 위선적인 가면을 모두 벗어던지고, 거룩하신 하나님께 제대로 접붙여진 진짜 성도, 진짜 교회로 거듭나기를 소망해 본다.

신나고 경건한 예배

신나고 경건한 예배가 있을까?
세속적이면서도 거룩한 노래가 있을까?

지금 한국 교회는 먼저 스스로 되게 모순적이라는 사실을 깨달아야 한다.

이 세상에 가볍고 무거운 것이 어디 있는가?

세속적이면서 거룩한 것이 또 어디 있는가?

지금 우리는 모두 그런 딜레마에 빠져 있는 듯하다.

그것이 바로 두 마리의 토끼를 잡으려는 심보 아닌가?

세상에서도 복을 받고, 천국에서도 복을 받고 싶은 것이다. 그래서 성도들이 "사랑하는 자여 네 영혼이 잘됨같이 네가 범사에 잘되고 강건하기를 내가 간구하노라"(요삼 1:2)라는 성경 말씀을 특별히 좋아하는 듯하다.

역사 이래로 지혜롭다고 하는 인간은 하나같이 이분법(二分法)을 질색한다. 완강하게 부정한다. 그리고 그 중간 어딘가에 회색 지대 만들기를 즐겨 한다. 그리고 그것을 중용(中庸)이라고 미화시킨다. 독(毒)에는 늘 꿀을 바르는 법이다. 이것이 사탄이 사용하는 전략이다. 늑대같이 사악한 인간이 겉으로는 양의 탈을 쓰고 이쪽저쪽도 다 이해해 주는 척, 매우 선량한 척, 매우 사려 깊은 척 행동한다. 그래서 대중이 좋아한다. 그것은 속는 것이다.

예수님은 분명히 경고하신다.

> 내가 네 행위를 아노니 네가 차지도 아니하고 뜨겁지도 아니하도다 네가 차든지 뜨겁든지 하기를 원하노라 네가 이같이 미지근하여 뜨겁지도 아니하고 차지도 아니하니 내 입에서 너를 토하여 버리리라 (계 3:15-16).

당신은 거룩한 하나님의 백성인가?

아니면 여전히 세상에 매여 있는가?

당신이 다니는 교회를 생각해 보면 쉽게 알 수 있다. 담임목사님의 생각과 말과 행동이 거룩, 경건이라는 말과 어울리는지, 목회나 교회 행사에서 인본주의적이고 세상적인 가치를 멀리하려고 애쓰는지, 설교와 예배와 찬양이 거룩하고 경건하다는 생각이 드는지 또는 당신 자신이나 교회의 형제자매가 그러한지를 생각해 보면 알 수 있다.

기준은 매우 간단하다. 신앙생활이나 삶의 중심이 하나님인가, 세상 또는 사람인가를 생각해 보면 된다.

세속적이면서 거룩한 것은 없다. 신나고 경건한 예배는 없다. 세상 사람도 좋아하고, 하나님도 좋아하는 그런 것은 없다. 당신이 진짜 하나님의 백성이라면 지금 움켜쥔 세상적인 것을 모두 내려놓길 바란다. 그것만이 살길이다. 교회생활에서도, 당신의 삶 속에서도 오직 하나님만 경외하기를 바란다. 하나님은 세상에도 발을 걸치고, 교회에도 발을 걸치는 그런 사람을 싫어하신다. 용납하지 않으신다.

성경과 찬송가 첫 장

> 태초에 하나님이 천지를 창조하시니라(창 1:1).

이 말씀을 많이 들어 보았으리라 생각한다.

당신은 이 말씀을 얼마나 좋아하는가?

성경을 펴면 맨 처음에 나오는 이 말씀을 어느 정도의 무게로 받아들이는가?

나는 이 말씀을 너무너무 좋아한다. 너무 감격스럽고, 큰 위로가 된다. 이 말씀만 읽고 성경책을 덮어도 될 정도로 충만함과 엄청난 무게감을 느낀다. 나는 이 말씀을 통해 창조주 하나님이 나의 주인(主人)임을 확실히 알게 되었다. 그래서 나는 '주인 신앙'을 강조한다.

이 무게감은 어디서 오는 것일까?

거룩하심이다.

"태초에 하나님이 천지를 창조하시니라"라는 말씀을 보면, 하나님께서 "나는 스스로 있는 자이니라"(출 3:14) 또는 "나는 나다"라고 선포하시는 듯하다. "내가 거룩하니 너희도 거룩할지어다"(레 11:45)라고도 하시는 듯하다. 이 말씀에 나타나는 하나님의 영광이 얼마나 큰지, 마치 엄청난 광채가 폭포수같이 쏟아지는 듯하다.

나는 지금도 이 말씀을 보면 그렇게 느낀다. 이 말씀을 알고는 납작 엎드리지 않을 수 없다. 그것이 바로 하나님을 경배하는 것이요, 하나님께 예배하고 찬양하는 것이다.

당신은 이 말씀 앞에서 어떠한가?

찬송가를 펴면 맨 처음에 나오는 찬송은 〈만복의 근원 하나님〉이다.

나는 작곡가로서 2006년에 나온 새찬송가 편집에 상당히 불만이 많은 편이다. 그런데도 용납할 수 있는 것은 여전히 찬송가 1장이 〈만복의 근원 하나님〉이기 때문이다. 나에게는 이 찬송도 창세기 1장 1절 말씀과 같은 의미를 지닌다. 당연히 이 찬송이 찬송가 맨 앞에 와야 한다고 생각하며, 여전히 그것이 지켜지고 있다는 사실에 위안을 얻는다.

그 가사를 보면 이렇게 되어 있다.

만복의 근원 하나님 온 백성 찬송드리고
저 천사여 찬송하세 찬송 성부 성자 성령 아멘.

 "만복의 근원"이라는 것은 곧 창조주 하나님, 만물의 주인이신 하나님을 의미한다. 그리고 거룩하신 분이라는 의미를 나타내고 있다. 그런 위대하신 분께 하나님의 온 백성과 천사가 찬송하는 광경이 나오고, 마지막으로 또 한 번 분명하게 성부와 성자와 성령, 삼위일체 하나님께 찬송하는 가사로 되어 있다. 이 찬송 하나가 훌륭한 예배가 될 정도로, 충분한 내용을 담고 있는 듯하다. 한마디로 '찬송 중의 찬송'이다.

 곡조도 가사에 집중할 수 있도록, 또 누구나 쉽게 같이 부를 수 있도록, 또 화성이나 선율 처리도 음악적으로 매우 기품 있게 잘 작곡되었다.

 이 찬송을 부를 때 하나님에 대한 사랑과 감격이 느껴진다면, 당신의 삶 속에 여전히 거룩함과 경건함이 남아 있다는 증거이다. 그렇지 않다면, 한번 곰곰이 생각해 볼 필요가 있다. 당신은 이미 세상 문화와 사상에 젖어 있을 가능성이 크기 때문이다. 찬송가와 오르간이 그래서 중요하다. 다르게 말하면, 드럼 소리에 맞춰 손뼉 치며 CCM(가사는 기독교적이나 대중음악 형식의 노래)을 부르는 것이, 드럼 없이 오르간이나 피아노에 맞춰 찬송가를 부를 때보다 더 은혜스럽다고 느껴진다면, 당신은 이미 세상 문화에 익숙해져 있을 가능성이 크다.[6] 둘 다 괜찮다고 생각한다면 무지하거나 생각이 없는 것이다.

물론, 그렇다고 해서 너무 걱정할 필요는 없다. 요즘 한국 교회는 담임목사님으로부터 부목사님, 장로님, 권사님까지 대부분 다 그러니까 말이다. 이것이 한국 교회의 서글픈 현실이다. 내가 거룩에 대해 열심히 말하는 이유도 바로 이 때문이다.

지금까지는 맹목적으로 예배하고 찬양했다면 이제부터라도 교회 문화, 예배와 찬양 문화가 어디로 흘러가는지 관심을 가지고, 우리가 지금 하는 것이 하나님을 기쁘시게 하는 것인지 사람을 기쁘게 하는 것인지 냉철하게 한번 돌아보기를 바란다.

---

6 혹시 오해하지 않기를 바란다. 문화적인 측면에서 말한 것이지 절대적인 측면에서 말한 것은 아니다. CCM과 드럼은 정죄하고, 오르간이나 찬송가는 무조건 면죄부를 주는 것은 아니다. 그렇다고 아무래도 상관없다는 것은 더더욱 아니다. 우리의 중심이 하나님께 있지 않다면, 그것이 무엇이든 하나님은 받지 않으실 것이다. 예배나 찬양의 도구를 선택할 때는 문화적 배경을 할 수 있는 대로 철저하게 따져야 한다. 그런 후에 하나님께 합당한, 최선이자 최상의 도구를 선택해야 할 것이다. 당신이 개인적으로 사용하는 도구도 아무것이나 선택하지 않는 것처럼 말이다. 그것이 이 세상에 사는 인간으로서 하나님께 해야 할 최소한의 도리가 아닐까.

하나님바라기

거룩은 무슨 색깔일까?
거룩을 색깔로 나타낸다면 아마 하얀색이 아닐까?
아니라고 생각하는가?

사실 "하얀색이라고?" 하며 반문할 분이 있을지도 모르겠다. 교회에서 거룩이라는 개념이 애물단지가 된 지 꽤 오래되었기 때문이다.

모르기는 해도 아마 거룩의 색깔을 회색쯤으로 생각하는 성도가 더 많을 것 같다는 생각도 든다. 혹 분홍색이나 무지개색으로 생각하는 사람이 있을지도 모르겠다.

안타깝게도 거룩, 경건이라는 말을 꺼내면 본전도 못 찾는 것이 요즘 한국 교회의 정서다. 간혹 목사님이나 성도들이 거룩이나 경건을 언급할 때도 있지만, 왜곡된 경우가 대부분이다. 행위는 날라리이지만, 마음은 거룩하고 경건하다는 식으로 말이다.

태초에 이 세상은 백지같이, 양털같이 하얗게 창조되었을 것이다. 하지만, 아담의 범죄 이후 까맣게 되어 버린 듯하다.

하나님은 흑암 속에서 헤매는 인간을 긍휼히 여겨, 값비싼 수건을 주시며 그것으로 열심히 얼룩을 지워 나가라고[7] 하셨다. 이것이 예수님의 속죄 사건과 성화(聖化)의 과정이다.

하지만, 인간은 하나님의 기대와는 달리 얼룩을 지우기는커녕 점점 더 더럽히기만 한다. 왜 그러느냐고 물으면 "호호, 안 그래도 천국 갈 텐데. 예수님이 다 용서해 주셨거든 …. 하나님 최고! 예수님 짱!"이라고 답한다. 이것이 지금 한국 교회 성도들의 모습이다.

거룩은 인간의 궁극적인 소망이다. '거룩'은 이 세상에서 가장 존엄하고, 순결하고, 아름다운 상태를 나타내는 것으로, 오직 하나님과 하나님께 속한 백성에게만 적용되는 성품이다.

하나님이 하나님 되심은 바로 거룩하시기 때문이다. 인간이 하나님을 경배하고 경외하는 것도 하나님이 거룩하시기 때문이다. 인간은 하나님이 거룩하셔서 두려워하기도 하지만, 같은 이유로 하나님을 사모(思慕)하기도 한다. 인간은 자신이든 타인이든 끊임없이 인간을 향해 갈구하고 만족해하는 것 같지만 결코 그럴 수 없다. 잠시 갈증을 해소할 뿐이다.

---

[7] 물론, 행위 구원을 말하는 것은 아니다. 성도, 하나님의 백성으로서 거룩한 삶을 살아야 한다는 것을 의미한다.

인간의 욕구, 결핍은 결코 인간 스스로 해결할 수 없다. 인간은 아무리 발버둥을 쳐도 스스로 헤어날 수 없기 때문에, 자연스럽게 거룩하신 하나님을 찾게 된다. 이것은 당연한 현상이며, 하나님이 우리의 하나님이 되시는 이유이기도 하다.

해바라기가 해를 향하는 것처럼 인간은 거룩하신 하나님을 향할 수밖에 없다. 아기에게 엄마 아닌 다른 사람이 궁극적인 위로가 될 수 없는 것처럼, 인간에게도 하나님 외에는 그 누구도 온전한 만족을 줄 수 없다.

인간은 궁극적으로 인간의 근원이신 하나님을 찾을 수밖에 없다. 이것은 부정할 수가 없다. 부정하면 할수록 더 강렬해지기 때문이다. 하나님께 돌아간다는 것은 본래의 자리로 돌아간다는 의미이다. 그것이 진정한 회복이요, 평안이요, 부흥인 것이다. 우리 모두 하루속히 거룩과 경건을 회복하고, 평생 하나님바라기로 살아가기를 소망한다.

> 아, 슬프도다 사람은 입김이며 인생도 속임수이니 저울에 달면 그들은 입김보다 가벼우리로다 포악을 의지하지 말며 탈취한 것으로 허망하여지지 말며 재물이 늘어도 거기에 마음을 두지 말지어다 하나님이 한 두 번 하신 말씀을 내가 들었나니 권능은 하나님께 속하였다 하셨도다 (시 62:9-11).

거룩한 삶이 어려운 이유

거룩한 삶이 어려운 이유에 대해 한번 생각해 볼까 한다. 거룩한 삶이 어려운 이유는 대개 두 가지로 볼 수 있을 듯하다. 하나는 인간의 악(惡)함 때문이고, 다른 하나는 인간의 약(弱)함 때문이다.

거룩한 삶이란, 간단히 말하자면 '하나님 중심의 삶'을 가리킨다. 하나님의 거룩하심을 인정한다면, 모든 피조물은 납작 엎드려 하나님을 경배할 수밖에 없을 것이다. 그것이 진정한 예배이다.

그 반대가 세상 중심, 인간 중심의 삶이다. 인간이 "내가 최고인데"라고 하는 것이다.

여기에는 주인, 주권, 질서라는 개념들이 연관되어 있다. 거룩을 인정하는 하나님의 백성은 주인, 주권, 질서라는 개념을 존중할 수밖에 없다. 그런 개념이 하나님에게서 나왔기 때문이다.

인간이 악하다고 하는 이유는, 스스로 잘났다고 우쭐대기 때문이다. 인간은 스스로를 위대하다고 생각한다. 인간의 힘으로 불가능한 것이 없다고 착각한다. 자기가 잘났다는 생각에 빠지면 악해진다. 눈에 보이는 것이 없기 때문이다. 그러한 상태를 교만이라고 한다. 급기야 창조주를 경외하지 않고, 오히려 반항하고 대적하게 된다. 하나님께서 주신 자유의지를 오용하는 것이다.

그래서 인간에게 가장 고상한 것은 자유가 아니다. 자유라는 것은 어디까지나 질서를 전제로 할 때 유효하다. 질서 없는 자유는 방종이 된다. 미쳐 날뛰는 망아지와 다를 바 없다. 자유와 권리는 질서 안에서 유효한 것이다. 창의성, 도전 정신, 실험 정신, 모험, 극복, 불굴의 의지도 마찬가지다. 돈도 질서 안에서 유용하다. 그런데 인간은 돈만 보면 정신을 못 차린다. 탐욕이 지배하게 되면 눈에 보이는 것이 없다.

자유, 창의성, 기술, 과학, 사상, 철학, 예술, 종교는 대부분 좋은 것이다. 하지만, 이것을 잘못 사용하면 망하게 된다. 불행히도 인간은 오래전부터 그런 좋은 것들을 창조주를 대적하는 일에 사용해 왔다. 포이어바흐, 마르크스, 니체, 프로이트, 다윈 등이 그 대표적인 인물이다.

교만, 거만, 오만의 마지막 종착점은 그래서 슬프고 우울하다. 인간은 자주 인간의 능력에는 한계와 끝이 있다는 사실을 잊어버리는 경향이 있다.

또한, 인간은 실패에 매우 취약한 존재이기도 하다. 가끔 겸손해지는 때도 있지만, 눈에 핏줄이 설 정도로 폭력적으로 되는 경우가 더 많다. 대부분은 꼬꾸라질 때까지 인간의 한계를 깨닫지 못한다. 마치 "아버지보다 내가 더 똑똑하단 말이야"라며 철없이 반항하는 패륜아처럼 말이다.

인간이 거룩하게 살아가기가 어려운 또 다른 이유는 약하기 때문이다. 약하기 때문에 무기력한 경우도 있지만 반대로 잔꾀를 쓰는 경우도 많다. 약하기 때문에 악(惡)하게 되기도 한다. 약한 것을 극복하기 위해 머리를 쓰기 때문이다.

인간은 적당하게 똑똑하다. 분명한 한계가 있다는 의미이다. 하나님께서는 인간에게 책임을 회피하지 못할 만큼, 교만하지 못할 만큼만 지혜와 능력을 허락하신 듯하다.

소크라테스, 공자, 석가모니가 아무리 뛰어나도 겸손할 수밖에 없는 이유가 바로 거기에 있다. 그들이 훌륭한 것은 최소한 자신이 한계가 있는 인간임을 분명하게 인정했기 때문이다.

인간의 어리석음을 나타내는 가장 대표적인 예가 주인(主人)을 모른다는 것이다. 인간은 누가 자신을 창조했는지, 누가 자기에게 악을 행하는지, 누가 긍휼을 베푸는지도 모른다. 사실 인간은 주인을 모르는 것이 아니라 부정한다. 그래서 자기를 속이는 사람에게는 간, 쓸개 다 갖다 바치고, 자기를 진정으로 사랑하는 사람은 물어뜯는, 참 어이없는 현상이 벌어지게 된다. 똥인지 된장인지 모른다는 것이 바로 그런 의미가 아닐까.

인간의 불완전성, 미성숙함이 일을 그르치게 만드는 경우가 참 많다. 마치 어미 게가 새끼 게에게 똑바로 걸으라고 가르치는 것처럼 인간 스스로는 무엇이 바른지, 무엇이 그른지도 잘 모른다. 이런 경우 잘하려고 하면 할수록 일을 그르치게 된다.

그래서 무엇이 중요한지 판단하고 분별하는 능력이 매우 중요하다. 하지만, 교회는 "비판하지 말라"라는 한마디로 모든 비판을 잠재워 버리니까 구조적으로 큰 구멍이 생길 수밖에 없다. 오히려 그것을 순종이라고 포장하고, 그것이 복받는 길이라고 호도하고 있으니 썩지 않는 것이 이상할 정도이다.

일부 설교자들이 자기들은 마이크 하나도 아무것이나 쓰지 않으면서, 찬양곡이나 찬양 악기를 선택할 때는 세상 음악 문화를 그대로 가져오며 "거룩하고 아닌 게 어디 있어? 바울도 그렇게 말했는데. 예배에 갖다 쓰면 다 거룩한 거지. 마음만 있으면 되지!"라며 온통 싸구려만 들여놓는 것도 그런 배경에서 왔다고 본다.

다시 원래의 이야기로 돌아가서, 거룩한 삶이 어려운 이유는 인간의 악함으로 인해 다양성, 실용성에 잘 빠지기 때문이다. 자꾸 세상적인, 인간적인 기준으로 신앙생활 또는 목회를 하다 보니 조금씩 조금씩 하나님의 말씀, 원래의 정통, 본질을 벗어나게 된다.

이것은 주로 목회자들이나 신학교 교수들이 저지르는 부조리이고, 일반 성도들은 맹목적으로 따라가는 것이 큰 문제다. 하나님을 따라가는 것이 아니라 삯꾼 목회자를 따라가기 때문이다. 정말 순한, 아니 어리석은 양이라고 하는 것이 더 적합할 듯하다. 분별력이 없어서, 잘못된 줄 알면서도 저항할 용기가 없어서 또는 관심이 없어서 그저 따라가는 경우가 많다.

인간이 얼마나 악하고 약한 존재인가를 빨리 깨달으면 깨달을수록, 나중에 덜 부끄러워진다는 사실을 다시 한번 깊이 되새겨 보았으면 한다.

예배는 축제다

예배는 축제다?

예배를 축제라고 한다. 맞는 말이다. 구원받은 것을 기뻐한다는 의미에서 말이다. 하지만, 여기에서 주의해야 할 것이 있다. 축제라고 해서 예배자들의 기쁨과 감격에만 취해서는 안 된다. 예배는 축제이지만 그 이전에 예배는 '경건한' 행위이다. 예배(禮拜)에는 경배의 의미가 있고, 경배(敬拜)라는 말은 공경하여 공손히 절한다는 의미이다.

예배의 대상이 거룩하신 하나님이라는 사실을 잊어버리면 안 된다. 예배를 축제처럼 드리자는 사람들은 다윗이 춤춘 것(삼하 6:13-14)을 근거로 들지만, 그것은 우리가 생각하는, 우리가 지금 하는 것과는 차원이 다르다. 다윗은 춤을 춘 이유가 오직 하나님 때문이었고, 하나님 앞에서 춤을 추었다. 그것은 보이는 경건을 초월한 것이다.

아마 우리나라가 일본의 지배 아래 있다가 1945년 8월 15일에 해방되었을 때 태극기를 들고 온 민족이 환호했던 것을 생각해 보면 이해하기 어렵지 않을 것이다.

우리가 '축제 예배'라고 하는 것이 과연 그런 것인가 한번 돌아볼 필요가 있다.

쉽게 말하면, 지금 한국 교회에서 하는 축제 예배라고 부르는 것은 인본주의적 산물이다. CCM을 부르고, 발을 구르고, 드럼을 두드리고, 박수를 치고, 손을 흔들며 하나님께 영광을 돌리는 것은 세상 문화에서 영향을 받은 것이다.

우리의 축제는 그런 것이 되어서는 안 된다. 춤을 추든 조용하게 하든 하나님의 거룩하심과 크고 놀라우신 은혜, 하나님께서 나의 유일한 주인이시자 구원자시라는 사실을 놓쳐서는 안 된다. 신비적인 분위기가 아니라 오직 그 사실에서 감사와 찬양과 감격이 나와야 한다. 그런 것을 경배, 예배라고 하는 것이다.

우리가 지금 예배라고 하는 것이 과연 그런 바탕 위에 서 있는가?

교회에서 생각해 보면 그럴듯하다. 그러나 '과연 그런가?' 하고 예배 후에 집에 와서 가슴에 손을 얹고 냉정하게 한번 돌아본다면, 모르기는 해도 아마 "그렇다!"라고 대답하기는 어려울 것이다.

곰곰이 한번 생각해 보라. 내가 예배에서 하는 모든 행위가 나의 진실한 신앙고백에서 나오는 것인지, 아니면 그냥 풀풀 끓다 잠시 후에 식어 버리는 냄비 같은 감정적인 행동은 아닌지 말이다. 하나님께서 내 인생의 가장 존귀한 분이시고, 내 인생을 죽음에서 건져 주신 유일한 구원자이시며, 내 모든 것을 그분께 바쳐도 부족한 분이시라는 것을 알고, 그런 감격과 감사로 예배와 찬양을 하는 것이 맞는지 말이다.

거룩하다는 것은 내가 예배하고 찬양하는 대상이 어떤 분이신지를 제대로 인식하고 있는가에 관한 것이다.

> 하나님이 참으로 사람과 함께 땅에 계시리이까 보소서 하늘과 하늘들의 하늘이라도 주를 용납하지 못하겠거든 하물며 내가 건축한 이 성전이오리이까(대하 6:18).

 우리가 축제 예배라고 하는 것이 솔로몬의 고백 같은 그런 마음으로 하는 것이 맞는지 질문을 던지고 싶다. 우리가 지금 하는 예배와 찬양이 정녕 죽을죄에서 극적으로 건져진 죄인들의 축제가 맞느냐는 말이다. 우리는 이제 하나님이 누구신지를 잊어버린 듯하다. 생명의 은인에게 납작 엎드리기는커녕, 마치 오만방자하게 "당신이 내 생명을 구해 주었으니 이 부스러기라도 가지시오!"라며 빈정대는 듯하다. 지금 예배의 문제는 본질은 빠지고, 인본주의에 찌든 요란한 껍데기만 둥둥 떠다닌다는 것이다. 그래서 나라도 이렇게 거룩과 경건을 외치고 있다.
 "하나님의 은혜에 너무 감격해서 목숨이라도 내놓겠다는 성도라면, 과연 그렇게 예배하겠는가?"
 이것이 내가 지금 한국 교회에 던지고 싶은 질문이다.

> 너희 권능 있는 자들아 영광과 능력을 여호와께 돌리고 돌릴지어다 여호와께 그의 이름에 합당한 영광을 돌리며 거룩한 옷을 입고 여호와께 예배할지어다(시 29:1-2).

> 아름답고 거룩한 것으로 여호와께 예배할지어다 온 땅이여 그 앞에서 떨지어다(시 96:9).

거룩한 하나님의 택함을 받은 거룩한 성도라면 거룩한 하나님의 이름에 합당한 영광을 돌려야 하며, 거룩한 옷을 입고 예배해야 하지 않을까?

거룩을 회복하는 것이 답이다

> 너는 이것을 알라 말세에 고통하는 때가 이르러 사람들이 자기를 사랑하며 돈을 사랑하며 자랑하며 교만하며 비방하며 부모를 거역하며 감사하지 아니하며 거룩하지 아니하며 무정하며 원통함을 풀지 아니하며 모함하며 절제하지 못하며 사나우며 선한 것을 좋아하지 아니하며 배신하며 조급하며 자만하며 쾌락을 사랑하기를 하나님 사랑하는 것보다 더하며 경건의 모양은 있으나 경건의 능력은 부인하니 이 같은 자들에게서 네가 돌아서라(딤후 3:1-5).

"이 같은 자들에게서 네가 돌아서라!"

나는 십여 년 전부터 교회 속 인본주의의 문제를 제기하며 〈영성 회복 운동〉[8]을 해 오고 있다. 그것은 한마디로 '거룩'을 회복하는 운동이다. '하나님 앞에서'(*Coram Deo*)를 회복하는 운동이다.

그러나 안타깝게도 교회 대부분이 나의 의도를 잘 헤아리지 못하는 것 같다. 알면서 알아듣지 못하는 척하는 것인지, 정말 알아듣지 못하는 것인지는 알 수 없지만 …. 문제의식을 느끼지 못하는 곳에서는 아무것도 할 수가 없다. 참 안타까운 일이다. 그저 냉가슴만 앓게 된다.

처음에는 교회들의 냉랭한 반응에 그저 그런가 보다 했는데, 하면 할수록 매우 고질적이며 심각한 증상이라는 생각이 들었다. '드럼'을 이야기하다 드럼 스틱에 맞을 것 같고, '행위'를 이야기하다가 바리새인으로 낙인찍혀 〈영성 회복 운동〉은 고사하고 교회에서 퇴출당할 것 같았다.

---

[8] 〈영성 회복 운동〉이란 '상투스아카데미'가 성도의 영성 회복을 목적으로 예배, 찬양 등의 분야에서 실시하는 '찬양대 코칭 사역'(찬양대를 대상으로 하는 영성 회복 운동), 출판, 유튜브, 블로그 등 다양한 활동을 가리킨다. 말하자면, 코람데오(*Coram Deo*), 예배와 찬양의 대상이신 하나님을 회복하는 운동이다. 한국 교회의 예배와 찬양의 실태를 파악하기 위해 2013년 1월부터 2014년 4월까지 대구 지역의 교회를 중심으로 60여 회 탐방하였으며, 2014년 6월부터는 '찬양대 코칭 사역'이라는 이름으로 자원하는 교회(찬양대)를 대상으로 1-2년 단위로 순회하는 등 지금도 다양한 활동을 하고 있다.

참 답이 없다는 생각이 든다. 완전히 세속주의, 인본주의로 넘어간 교회들은 인본주의, 세속주의, 거룩이라는 말만 꺼내도 경기(驚氣)하는 듯하다. 까딱 잘못하다가 내가 인본주의자로 뒤집어쓸 판이다. 안타깝지만 이것이 한국 교회의 현주소이다.

지금까지 부족한 글솜씨로 여러 가지 이야기를 풀어놓았지만, 아무래도 가장 큰 문제는 우리가 지금 무슨 행동을 하고 있는지, 그 심각성을 잘 모르고 있다는 것이다. 목회자도 성도도, 그저 각자의 취향대로 시대의 흐름에 맞게, 다양하고 풍부하게 하나님을 잘 섬기고 있다고 생각하는 듯하다. 그 정도라면 내가 굳이 이렇게 필사적으로 외치지는 않을 것이다.

현실에서 조금만 떨어져서 지금 한국 교회가, 우리 교회가, 내가 하는 모습을 돌아보길 바란다. 온갖 세속주의와 인본주의로 오염된 안경을 벗고, 성경을 있는 그대로 묵상하며, 하나님께서 성경을 통해 인간에게 주시는 진짜 메시지가 무엇인지 가만히 귀 기울여 보길 바란다.

온갖 세속적이고 인본주의적인 문화를 들여와 예배를 화려한 축제로 포장하고 있지만, 지금 우리는 심각한 배교 행위를 하고 있다는 사실을 깨달아야 한다.

지금 한국 교회는 하나님의 말씀으로부터 너무 멀어져 있다. 지금은 웃고, 박수 치고 춤출 때가 아니다. 지금은 눈물로 통곡하며 회개해야 할 때이다.

하나님의 말씀을 마음대로 희석하고 왜곡시켜 이상한 기독교로 만들어 버렸다. 금송아지를 숭배하면서 하나님을 섬긴다고 착각하고 있는 것은 아닌지 깊이 돌아봐야 한다.

우리 모두 회개하고 다시 거룩한 하나님께로 돌아가서, 가짜 축제가 아니라 진짜 예배를, 내 몸이 들썩이는 축제가 아니라 내 영이 감격하는 온전한 예배를 드리는 날이 오길 간절히 소망해 본다.

교회가 세상이다

오래전부터 교회만 생각하면 힘들어지고, 교회만 가면 우울증에 걸릴 것 같았다. 왜 그런가 하고 고민하다가 2024년 1월 어느 날 새벽에 실마리를 얻었다.

'내가 그토록 교회 밖이 아니라 교회 안에서 전도하는 것이 내 사명이라고 선포했었는데, 정작 나는 여전히 한국 교회를 정상적인 교회로 착각하고 있었구나!'

그래서 교회 생각만 하면 답답해지고, 교회만 가면 우울해지고, 그 좋아하는 오르간도 신물이 났던 것이다. 생각을 바꾸니 모든 것이 이해되는 듯했다. '교회가 세상이다'라는 생각은 참 소중한 깨달음이었다. 이제 교회에서도 어느 정도 견딜 수 있을 듯했다.

새벽에 이런 깨달음을 주신 하나님께 참 감사했다. 지금까지는 술집만 찾아다니며 "사람들이 왜 술만 먹지?"라고 한 것이나 다름없었다.

내가 얼마나 착각하고 있었는지 어이가 없었다. 교회도—세상은 말할 것도 없지만—전도 대상이라는 것을 망각했기에 그렇게 힘겹게 살아온 듯하다.

사실 그때까지는 교회에 가는 것, 찬양하고 예배하는 것, 오르간 연습하는 것까지도 죽을 맛이었다. 그야말로 꾸역꾸역했다고 해도 과언이 아니다.⁹

그러나 이렇게 생각하니 답이 매우 간단해졌다.

---

9 하나님께 예배하고 찬양하는 것이 힘들었다는 것이 아니라, 하나님을 알지 못하는 공동체와 함께 종교적인 행위를 할 수밖에 없는 현실이 너무 안타깝고 힘들었다는 의미이다.

'이제부터 내가 교회에서 하는 모든 행위는 전도다. 교회에 가는 것도, 예배에 참석하는 것도, 오르간을 연습하고 반주하는 것도, 사람을 만나는 것도. 이제 내가 교회에 가는 것은 복음을 전하러 가는 것이다.'

이렇게 생각하니 어찌나 마음이 가벼워졌는지 …. 예전에는 이런 생각을 자주 했다.

'교회가 왜 이럴까?'

'목사님이 왜 이러시고, 예배는 또 왜 이럴까?'

늘 이상하다는 생각이 들었었는데, 생각을 바꾸고 나니 갑자기 모든 것이 이해되는 듯했다. 정확하게 말하면, 이해 안 되었던 이유가 이해되었다는 의미이다. 그 뒤로는 하나도 이상하게 보이지 않았다. 신기했다. 마음속으로 다짐했다.

'교회 안의 모든 형제자매가 전도 대상이다.[10] 이제 전도만 잘하면 된다. 빛과 소금의 역할만 잘하면 된다. 목사님들, 장로님들, 성도님들에게. 그리고 오르간 건반을 하나하나 누를 때마다.'

---

10 혹시 교만하다고 생각하는 형제자매가 있을지도 모르겠다. 나만 옳고 다른 사람은 다 틀렸다는 것으로 오인한다면 그럴 수도 있을 것이다. 그것이야말로 하나님께서 판단하실 일이다. 잘난 척하려는 것이 아니라 나로서도 도무지 이해가 안 되기 때문에 궁여지책으로 이렇게 하는 것이다.

이제 무거운 마음으로 교회에 가지 않아도 될 듯했다. 물론, 전도 대상을 보면 여전히 마음이 무겁기는 하지만, 견뎌야 하는 이유를 찾았기 때문에 훨씬 덜 힘들다는 의미이다.

"교회가 세상이다!"

참으로 교회가 세상이다. 나는 교회를 향해 부름받았다. 교회가 세상이라는 그 한마디가 내 지친 영혼을 올무에서 건져 냈다. 그 한마디가 ….

회칠한 무덤은 바로 이 시대의 교회를 가리키는 말이다. 이것을 인정하는 것이 매우 중요하다. 그리고 잃어버린 영혼도 다름 아닌 교회 안에 있다는 사실, 그것도 빼곡히 있다는 사실을 인정해야 한다.

인간이라는 물음도 사실 교회에서 시작되었다. 세상 사람들이 성도들보다 낫다는 의미가 아니라 성도들에게도 답이 없다는 생각에 충격을 받았다는 뜻이다.

이후로 인간에 대해 본격적인 고민을 하게 되었다. 모양은 꼭 인간 같은데, 행동은 인간이 아닌 사람이 있다. 모양은 꼭 성도 같은데, 자세히 들여다보니 성도가 아닌 사람이 있다.

교회를 교회라고 생각했을 때는 소망이 없었다. 도무지 이해되지 않았기 때문이다. 그런데 교회도 세상이라는 생각이 들자 실마리가 풀리기 시작했다. 교회가 구원의 방주가 아니라 교회 또한 구조되어야 할 하나의 난파선임을 깨달았다. 알고 보니, 물에 빠져 가는 사람이 물에 빠진 사람을 구원하려고 한 것이다. 자신도 구원하지 못하면서 남을 구원할 수 있다고 믿은 것이다. 사실은 속인 것이다.

그래서 교회는 회칠한 무덤이다.

인간이 가는 길

인간이 가는 길을 가장 잘 나타내는 개념이 있다. 바로 '인본주의'(人本主義, humanism)이다.

인본주의라는 말은 이런 기치로 아주 고상하게 포장되어 있다.

"인간의 권리를 찾자!"

"인간을 존중하자!"

하지만, 실상 그 종착점은 하나님을 대적하는 것이다.

잘 들여다보라!

성경에서는 바벨탑 사건(창 11:1-9)이 그 대표적인 예이다. 또 시편 2편 1-3절을 보더라도 명확하게 알 수 있다.

> 어찌하여 이방 나라들이 분노하며 민족들이 헛된 일을 꾸미는가 세상의 군왕들이 나서며 관원들이 서로 꾀하여 여호와와 그의 기름 부음 받은 자를 대적하며 우리가 그들의 맨 것을 끊고 그의 결박을 벗어 버리자 하는도다(시 2:1-3).

인본주의는 인간의 존엄성을 표방하지만—인간의 의도와 상관없이—궁극적으로 향하는 방향은 "그들의 맨 것을 끊고 그의 결박을 벗어 버리는 것"이다.

즉, 창조주 하나님과 창조 질서를 부정하고 거스르는 방향으로 가는 것이다.

자유, 인권, 평등, 평화, 사람을 부르짖는 그 절규 이면에는 늘 그런 불순한 의도가 깔려 있었다. 더 편안하고, 더 대단한 것을 추구하는 것도 그래서 위험하다. 그것은 더 편안하고, 더 대단하게 낭떠러지로 질주하는 것과 다름없기 때문이다.

그래서 이런 이념들이 문제가 되는 것이다. 그러나 대부분의 사람은 이 사실을 모른 채 거기에 혹하고 속는다. 이것이 안타까운 지점이다.

여하튼 분명한 것은 창조주를 거스르는 데는 반드시 혹독한 대가(代價)가 뒤따른다는 사실이다. 그런 인간에게 기다리고 있는 것은 하나님의 진노와 심판밖에 없다. 이것이 회개하고 돌이켜야 하는 이유이고, 또 이것만이 유일한 해법이다.

> 여호와를 경외함으로 섬기고 떨며 즐거워할지어다(시 2:11).

제6장

만약 신이 없다면

   신이 없다는 것은 사실 "신은 죽었다"(독일어로 Gott ist tot, 니체의 유명한 선언)라는 말과 같은 의미이다. 차이점이라면 "신은 죽었다"라는 표현은 과거에 존재했던 신이 더 이상 존재하지 않는다는 의미라는 것이다.

   굳이 포이어바흐, 다윈, 니체, 프로이트 같은 이단아(異端兒)들을 소환하지 않더라도 이제 우리가 이 주제에 대해 한번 고민해 볼 때가 된 듯하다.

   만약 이 세상에 기독교가 없다면, 하나님과 예수님이라는 존재가 없다면 우리 인간의 삶은 어떻게 달라질까?

선과 악

니체는 신이 죽었다는 것을 주장하기 이전에 먼저 도덕을 부정한다. 도덕의 핵심은 선악(善惡)이라는 개념이다. 니체는 선악이라는 개념을 '노예 도덕'으로 규정한다.[1] 무엇이 선하고 악한가는 원한이 가득한 노예들, 즉 약한 자들이 고귀한 자들, 강한 자들에게 복수하기 위해 만들었다고 보는 것이다. 그것이 니체가 생각하는 도덕의 기원이다. 그리고 노예 도덕의 근원을 신약성경의 주인공인 예수라고 지목한다.

반은 맞고 반은 틀렸다. 인간의 기본 질서인 도덕이 성경에서 출발한 것은 맞는 말이다(출 20-23장). 그러나 선악이라는 것이 니체가 주장하는 것처럼 원한이 가득한 약자들인 노예들로부터 비롯된 것은 아니다.

선악의 출발점은 창조주 하나님이시다. 선악이라는 것이 오용되고 변질될 수는 있겠지만, 성경에는 무엇이 선이고 무엇이 악인지가 명백하게 규정되어 있다.

물론, 여기서 도덕의 기원에 관한 이야기를 하려는 것은 아니다. 내가 질문하고 싶은 것은 이런 것이다.

---
1 프리드리히 니체, 『도덕의 계보』, 박찬국 옮김 (아카넷, 2023), 27-94.

만약 신이 죽었다면 무엇이 선이고 무엇이 악인지 누가, 어떻게 규정한다는 말인가?

도대체 무엇이 착하고 무엇이 악한 것인가?

그리고 그것이 우리 인생에 무슨 의미가 있는가?

당장 나 자신만 하더라도 선악을 규정하지 못하겠다.

물론, 누군가는 세상이 말하는 신은 기독교에서 말하는 하나님 외에도 다양한 종류가 있고, 또 윤리와 도덕을 규정하는 장치들도 충분하다고 생각할지 모르겠다. 그래서 하나님을 배제하더라도 이리저리 착한 것과 악한 것을 말할 수 있을 것이다.

하지만, 그 근원으로 들어가 보면, 실상은 아무것도 없다. 세상이나 인간이 우연히 생성되어서 우연히 존재하다 소멸한다면 거기에 무슨 도덕이 필요하겠는가. 개미나 모기에게 무슨 가치관이나 도덕성이 있겠는가. 창조주를 부정하면서 도덕이나 윤리, 철학, 인성을 말하는 사람도 그와 다르지 않다.

거짓말을 하면 안 되고, 폭력을 행사하면 안 되고, 강간하면 안 되고, 살인하면 안 되고, 친절해야 하고, 사랑해야 하고, 성실해야 하고, 바르게 살아야 한다는 것은 도대체 무엇을 근거로 한 것인가?

인간이 살아가는 방식은 천체(天體)나 동물이나 식물보다 왜 이리 까다로운가. 이해하기 어렵다. 아니, 불가능해 보인다.

도덕과 윤리

우리는 그 많은 도덕(道德)과 윤리(倫理)가 도대체 어디서 비롯된 것인지 고민해 볼 필요가 있다. 니체가 말한 것에 공감할 수 없다면 말이다.

태초부터 인류의 진화와 더불어 자연스럽게 형성되어 온 것인가?

사실 오늘날 대부분의 도덕, 윤리는 석가나 공자의 범위 안에서도 해명이 가능할 것이다. 하지만, 석가나 공자, 소크라테스 이전에는 도대체 누가 그런 것을 규정했느냐고 질문하고 싶다. 오랫동안 인류가 진화해 오면서 형성된 것이라고 답한다면, 그것은 너무 터무니없는 주장이다. 개나 소가 어느 날 도덕이나 윤리를 만들어 지킨다고 상상해 보라.

지금은 도덕과 윤리라는 것이 많이 일그러져 있지만, 처음에는 그렇지 않았을 것이다. 처음 인류에게 주어진 법(法)은 단 하나, "동산 각종 나무의 열매는 네가 임의로 먹되 선악을 알게 하는 나무의 열매는 먹지 말라 네가 먹는 날에는 반드시 죽으리라"(창 2:16-17)라는 것이었다.

이후로도 창조주 하나님은 인간과 사회에 필요한 도덕과 윤리, 법을 주셨다. 그와 동시에 인간은 선조 아담과 하와로 시작해 끊임없이 법을 어기며 죄를 범하게 되었고, 심지어는 창조 질서를 거스르는 희한한 법까지 만들게 되었다. 급기야 니체와 같은 이단아들은 도덕 자체를 왜곡하고 부정하기에 이르렀다. 도덕을 부정하는 목적은 결국, 하나님을 허구(虛構)로 만들려는 것이다.

그런데도 인간은 여전히 마음 한구석에 양심이라는 기본 도덕심을 가지고 있다. 각자 그것을 애써 거부하거나 존중하는 식으로 반응하는 방식이 다를 뿐이다. 이것은 신을 긍정하거나 부정하거나, 하나님을 믿거나 믿지 않거나 예외가 없다.

그래서인지 하나님을 전혀 모르거나 믿지 않는데도 하나님께서 주신 창조 질서에 순응하며 살아가는 사람들을 보며, 나는 가끔 놀랄 때가 있다. 그들의 행동은 아마 무의식중에 나타나는 현상일 것이다. 이러한 것을 '하나님의 형상'이라고 한다. 아버지에게서 태어난 자녀가 아무리 아버지를 부정하려고 해도 그 흔적을 지울 수 없는 것과 같은 이치라 할 수 있다.

도덕이나 윤리, 법을 강조한다거나 지키려는 양심은 궁극적으로 창조 질서로부터 기인한 것이다. 창조 질서는 창조주 하나님이 정해 주신 법칙이다. 인간은 우연히 생성된 질서에 따라 살아가거나 임의대로 살아가는 존재가 아니다. 도덕이나 윤리는 철저하게 인간의 주인(主人)이신 창조주 하나님으로부터 주어졌다.

삶의 의미

인간은 아무리 건강하고, 돈이 많고, 높은 지위에 있다 하더라도, 삶의 의미를 찾지 못한다면 행복하게 살아갈 수 없는 존재다.

만약 신이 없다면 '삶의 의미'는 어떻게 규정될까?

삶의 의미를 깊이 생각하지 않거나 맹목적으로 생각하는 경우가 많을 듯하다. 삶의 의미는 "왜 사는가?" 하는 인생의 목적과도 연결되어 있다.

이러한 질문을 준비되지 않은 상황에서 너무 집요하게 하다 보면, 길을 찾기는커녕 자칫 영원히 길을 잃어버릴 수도 있다. 참 어려운 질문이다.

그러나 많은 사람이 그렇게 살기 때문에 나도 그렇게 산다고 한다면 너무 무책임하고, 무성의한 대답이 될 것이다. 당장 나 자신만 하더라도 그저 남들처럼 살아간다고 답하고 싶지는 않다. 인간이 특별한 동물이라면 바로 이 때문일 것이다. 단지 생육하고 번성하는 것이 인생의 의미나 목적이 될 수는 없다.

대다수의 사람들이 생각하듯 돈을 잘 벌고, 명예와 권력을 가지고, 건강하게 백수를 누린다면 잘 사는 것일까?

아니다. 그런 것은 궁극적인 의미나 목적, 이유가 될 수 없다.

다르게 질문해 보면 돈도, 명예도, 권력도 없이 그저 골골거리다가 일찍 죽었다면 잘못 산 것일까?

그렇지 않다. 삶의 의미는 그런 데서 나오는 것이 아니다.

당신이 괜찮다고 하는 삶은 어떤 삶인가?

당신은 무엇 때문에 사는가?

무엇 때문에 삶을 짓누르는 고통을 견딜 수 있는가?

부귀인가, 명예인가, 권력인가, 쾌락인가, 자녀인가, 신앙인가, 신념인가?

그것이 도대체 무엇인가?

그것이 당신 삶의 궁극적인 의미가 될 것이다.

'우연'이 내 삶을 이끈다고 생각하는 순간, 이미 내 삶은 길을 잃어버린다. "인생 별거 있나?" 또는 "인생은 다 그런 것이야!"라며 개똥철학을 말할 수는 있어도, 내 마음속의 공허함은 쉽게 지워지지 않는다. 애써 지우려고 발버둥 칠수록 더 괴롭게 될 것이다. 인생은 우연으로 풀리는 것이 아니다.

진실

창조주를 부정할 때 진실(眞實)은 무슨 의미를 가지는가?

하나님을 믿지 않는 사람일지라도 진실이라는 말은 좋아하고 집착한다. "사람이 진실해야지!"라는 말을 잘한다.

사자나 곰에게도 진실 또는 그 반대의 개념이 있을까?

진실은 거짓이 아닌 것을 의미한다.

선도 악도 없고, 도덕도 윤리도 없다면 과연 진실이라는 말은 어떻게 이해될까?

무엇이 참이고 무엇이 거짓일까?

강도나 도둑이 자기들끼리 진실을 운운한다면 그것이 과연 진실일까?
판사가 법 없이도 판결할 수 있을까?
무엇을 근거로?

창조주가 자연과 인간에게 부여한 창조 질서를 전제하지 않는다면, 어떠한 진실도 성립될 수 없다. 있다고 해도 그것은 가짜요, 가식이요, 속임수에 불과하다.

혹자는 가능하다고 생각할지도 모르겠다. 하지만, 그것은 환상이나 착각일 뿐이다. "아빠, 엄마 없어도 잘 살 수 있어! 아빠 집에서 살고, 엄마가 사 놓은 걸 냉장고에서 꺼내 먹으면 되지!"라는 주장이지만, 그것은 아무것도 모르는 소리다. 초등학생이나 할 수 있는 소리다.

우리는 이미 형성된 역사 위에서 마치 처음부터 그랬던 것처럼 도도하게 말하지만, 그 역사를 거슬러 올라가 제대로 알게 되면 그럴 수 없게 된다. 금세 불안해질 뿐이다.

공자가 어떻고, 노자가 어떻고 둘러대지만, 그것은 어디까지나 이미 형성되어 있는 근간에 기대고 있기에 가능한 일이다.

성실

　성실(誠實)한 사람은 아침 일찍 일어나서 밤늦게까지, 24시간이 부족할 정도로 성실하게 살아간다. 그래서 공부도 잘하고, 좋은 직장에 취직하고, 돈도 많이 벌고, 좋은 사람과 결혼도 하고, 명예도 얻고, 권력도 얻고 남부러운 것이 없을 정도로 성공했다고 하자. 그렇더라도 성실하다는 것이 의미 있으려면 반드시 목적성과 연결되어야 한다. 목적이 의미 있어야 성실한 것도 의미 있기 때문이다.

　이미 앞에서 다양한 각도로 언급했지만, 인간의 궁극적인 목적성은 창조주로부터 비롯된다. 내가 성실한 것은 우선 나의 행복을 위한 것이고, 나의 행복은 내 가족의 행복을 위한 것이고, 내 가족의 행복은 내 후손을 위한 것이라고 하자. 이 정도까지는 누구나 하는 생각일 것이다.

　그렇다면 "나의 조상이나 후손이라고 하는 전체는 도대체 어떤 목적성을 갖기에 그렇게 성실하게 살아가는가"라는 질문에는 어떻게 답할 것인가?

　만약 인간을 창조한 신이 없다면 "우리가 이렇게 성실할 필요가 있는가"라는 질문을 던질 수 있을 것이다.

그러면 "성실해야 네 꿈을 이룰 수 있어", "굶지 않으려면 성실해야지", "훌륭한 사람들은 모두 성실해"라는 식으로 답한다고 하자.

그것이 과연 온전한 답이 될 수 있을까?

성실한 것과 그렇지 못한 것의 차이가 있으려면 필연적으로 다른 전제가 있어야 할 것이다.

당신은 그것이 무엇이라고 생각하는가?

정의

정의(正義)롭다는 것은 무엇을 의미하는가?

'올바른 도리(道理)'를 말하는 것이라면, 무엇이 올바른 것이고, 무엇이 도리인가?

언뜻 쉬운 듯하지만, 실상 굉장히 복잡한 문제이다. 내로라하는 석학들이 정의(正義)를 언급하며 그들 나름대로 정의(定義)를 내리고 있다.

수많은 학자, 사상가, 철학자, 예술가의 말과 문헌들을 통해 이러쿵저러쿵 정의에 대해 결론을 내리지만, 결코 만만한 일은 아니다. 이것이 바른 것이고, 저것이 바른 것이라고 하지만, 아무리 많은 근거를 들이댄다고 해도 명쾌한 결론을 내리기에는 한계가 있다.

무엇이 옳은가?

좌(左)도 있고 우(右)도 있고, 옳고 그름도 있지만 이제는 더 이상 인정하지 않는 시대다. 좌도 우도, 옳은 것도 그른 것도 없다는 결론에 이른다. 다 옳다는 것이다. 너도 맞고, 나도 맞다고 한다.

창조주를 인정하지 않으면서 정의나 옳음을 말하는 것은 그야말로 말이 안 된다. 그러나 많은 사람이 그렇게 하고 있다. 다들 창조주가 베푼 도구를 가지고 창조주를 부정하는 데 사용하는, 어이없는 행동을 하고 있다.

어떤 이들은 자신은 남자(아버지)와 여자(어머니)를 통해 태어났으면서 애써 양성(兩性), 양성결혼을 부정하려고 한다. 남자끼리 만나고 여자끼리 만나서 아무리 아이를 낳으려고 해 봐야 불가능하다.

정의, 옳음이라는 말이 존재한다는 사실 자체가 이미 신의 존재를 인정한다는 방증이다. 그래도 인정하지 않는다면 그것이야말로 오만한 것이요 자신을 기만하는 것이다.

행복

하나님을 알든 모르든, 신을 믿든 안 믿든 사람들은 행복(幸福)이라는 말을 입에 달고 산다. 삶에서 만족스러운 상태가 행복이다. 아무런 결핍을 느끼지 못하는 상태이다. 그런 의미에서 행복을 '평안'이라고 할 수도 있을 것이다.

이와 반대되는 것이 불행(不幸)이다. 온갖 결핍이 가득한 불만족스러운 상태를 말한다. 사실은 실제 상태라기보다는 마음 상태라고 하는 것이 더 정확할 듯하다.

불교에서는 무(無)의 상태에 이르는 것, 즉 명상(冥想)을 통해 자신을 잊는 것을 최고의 행복으로 여기는 듯하다. 기독교에서는 하나님의 임재(臨在) 상태가 최고의 행복이 될 것이다. 건강도, 돈도, 명예도, 권력도 그 어떤 것도 대체할 수 없다.

불교에서 말하는 무소유(無所有), 즉 자신을 버리는 것으로는 결코 온전한 행복에 이를 수 없다. 조용한 곳에서 홀로 차를 마시며, 명상하며 과거와 미래를 잊어버리고, 지금, 여기에 몰입한다고 하더라도 진정한 평안에 이를 수는 없다. 이는 일시적인 처방에 불과하다. 진통제 같은 것이다.

요즘 현대인의 정신 건강을 위해 심리 상담이나 명상, 자기 계발 등 여러 가지 해법을 내놓고 있지만, 우리가 꼭 기억해야 할 것은 인간 스스로는 결코 고통을 해결할 수 없으며, 궁극적인 행복에 이를 수도 없다는 사실이다.

온전한 행복은 오직 하나님을 통해서만 가능하다.[2] 창조주를 부정하며 행복을 갈구하는 것은 수도꼭지를 꼭 잠근 채 입을 갖다 대는 것이나, 탑승교(boarding bridge) 없이 비행기에 오르려는 것과 같은 행위이다.

당신은 무엇 때문에 행복한가?
돈 때문인가?
건강 때문인가?
미모 때문인가?
사랑하는 사람 때문인가?
명예 때문인가, 권력 때문인가?

---

2 "평안을 너희에게 끼치노니 곧 나의 평안을 너희에게 주노라 내가 너희에게 주는 것은 세상이 주는 것과 같지 아니하니라 너희는 마음에 근심하지도 말고 두려워하지도 말라"(요 14:27).
"노래하는 자와 뛰어 노는 자들이 말하기를 나의 모든 근원(생명, 구원, 기쁨)이 네(시온성, 즉 하나님)게 있다 하리로다"(시 87:7).

그것은 모두 음료수와 같은 것이다. 그것으로는 갈증을 근본적으로 해결할 수 없다.[3] 의아해할 필요가 없다. 인간은 원래 그렇게 창조되었기 때문이다. 미군이 주는 초콜릿을 먹으며 "미군 물러가라"라고 해서야 되겠는가.

아무리 떼쓰며 창조주를 거부하고 부정한다고 해도 살아 있는 창조주가 죽지는 않는다. 피조물이 사는 유일한 길은 오직 자기의 잘못을 뉘우치고 돌아오는 것뿐이다. 그것이 행복의 지름길이다.

가치

가치(價値)라는 것은 인간 사회에서 매우 중요한 개념이다. 그래서 가치관도 중요하다. 가치관이라는 것은 한마디로 가치를 평가하는 기준이다. 어떻게 판단하고 평가하는가이다.

인간이 동물보다 가치가 있다는 것은 무엇을 근거로 한 것인가?

---

3 "예수께서 이르시되 나는 생명의 떡이니 내게 오는 자는 결코 주리지 아니할 터이요 나를 믿는 자는 영원히 목마르지 아니하리라"(요 6:35).

인간의 생명이 사물보다 더 가치 있다는 것은 무엇을 근거로 한 것인가?

인생이라는 것은 사실 가치판단(판단하는 사람의 가치관이 개입되는 판단)으로 얽혀 있다고 해도 과언이 아니다. 인간은 순간순간 가치판단을 하게 된다. 행복도, 아름다움도, 성공도 그러하다. 가치를 판단하며, 가치를 선택하고, 또 가치를 실행한다. 진리나 선악, 아름다움도 가치판단의 중요한 근거로 작용한다. '의미'(意味)도 같은 맥락으로 볼 수 있을 것이다.

요즘은 가치 평준화 시대인 듯하다. 그것을 평등, 공평이라고 하기도 한다. 물론, 대개는 잘못된 적용이다. 기계적인 평등, 공평은 바람직한 현상이 아니다. 위험하기 짝이 없다. 이러한 현상의 부작용으로 결국 고유의 정체성과 질서가 무너진다.

장애인을 장애인이라 하고, 장애가 없는 사람을 비장애인이라고 하는 것도 그런 예 중 하나이다. 장애인을 '비정상인'이라고 하지 않는다면 장애가 없는 사람도 '비장애인'이라고 하면 안 된다. 이는 역차별이다. 어느 한쪽(이 경우에는 장애인)을 기준으로 하기 때문이다. 장애인을 존중하고 배려하는 마음이 중요한 것인데, 용어에 지나치게 집착하다 보니 그런 부작용이 생기는 듯하다.

'여성 해방'이라는 개념도 비슷하다. 여성을 차별하고 무시하는 것이 문제이지, 여성을 남성 우위에 놓거나 기계적으로 동등한 역할을 요구한다거나 유니섹스(unisex, 의상이나 머리 모양 등에서 남녀의 구별이 없는 것) 개념을 적용하려는 것은 창조 질서를 무너뜨리는 사악한 행위이다.

여성은 여성이고, 남성은 남성이다. 나는 정체성과 역할을 부정하려는 것에 대해 이의를 제기한다.

기계적 평등, 공평은 매우 위험한 발상이다. 가치를 잘못 적용하면 이러한 오류들이 발생한다.

신이 없는 사회나 진화론에서는 올바른 가치 체계가 작동할 수 없다. 그것이 바로 상대주의 아닌가. 결국, 모든 것을 부정하거나 모든 것을 긍정하는 혼돈의 도가니 속으로 빠져들 수밖에 없게 된다. 너도 맞고 나도 맞는 사회가 되는 것이다. 아무도 틀린 사람이 없다. 그런 것이 고무줄 잣대이다.

정말 그런 사회에서 살고 싶은가?

그것은 자유도, 가치도 아니다. 인생에서 '가치'를 추구하고 '의미'를 찾고 있다면 장담하건대, 당신은 무신론자가 아니다. 그저 잠시 신을 거부하거나 반항의 시기를 지나고 있을 뿐이다.

성공

현대 사회의 인간은 누구를 막론하고 성공(成功)을 추구하고 있다. 그것도 지나칠 정도로 말이다. 성공이라는 것은 목적을 전제로 한다. 인간은 할 수만 있다면 건강하고 오래 살려고 한다. 여기에는 예외가 없다. 그뿐만이 아니다. 인간은 할 수만 있다면 부자가 되려고 한다. 존경받고 인정받으려고 한다. 능력 있고, 힘 있는 사람이 되려고 발버둥 친다. 거기에다 예쁘고 멋진 육체까지 가지려고 한다. 탐욕이다. 탐욕적이지 않은 사람이 있기는 하지만, 대부분은 그렇지 않다.

인간은 목적이 거의 동일하다. 그리고 그것을 성공이라고 한다. 그것을 손에 넣지 못하면 실패했다고 한다. 하지만, "왜?", "왜 그렇게 되려고 하는가?"라는 물음에는 별 고민이 없다.

다행히도 우리가 자주 던지는 지혜로운 질문이 하나 있다.

"왜 그렇게 아등바등 사는가?"

그러나 그 답도 이 목적의 범위를 벗어나지는 않는다. 이 세상에서 잘살기 위해서이다. 그러나 왜 이 세상에서 잘살아야 하는지에 대한 해명은 없다. 우리는 이렇게 산다.

성공했다고 확신했는데, 삶의 끝자락에서 보니 아닌 경우가 많다. 뒤늦게 회한(悔恨)의 눈물을 흘리기도 한다.

무엇이 궁극적인 성공인가?

성공하기는 했지만 엉뚱한 성공을 이루는 경우가 많다. 엉뚱한 산, 엉뚱한 봉우리에 오른 것이다. 창조주를 부정하는 성공은 이렇듯 한계에 봉착할 수밖에 없다. 자기 마음대로의 성공인 것이다. 그것은 진정한 성공이 아니다.[4] 신이 창조한 세계에서 그의 질서를 거스를 때 오류가 발생하는 것은 당연한 이치다. 불행히도 인류의 역사는 오랫동안 그렇게 역류해 왔다. 잘나가는 것이 성공이 아님에도 인간은 오랫동안 거기에 길들어져 왔다. 이루되 무엇을 이루는가, 그것이 어디로 귀결되는가가 더 본질적이다.

지식

지식이라는 것은 대상(對象)이 있다. 무엇을 아는가 하는 것이 바로 그 대상이다. "아는 것이 힘이다", "아는 만큼 보인다"라는 말이 있는가 하면 "모르는 것이 약이다"라는 말

---

[4] "인생은 그 날이 풀과 같으며 그 영화가 들의 꽃과 같도다 그것은 바람이 지나가면 없어지나니 그 있던 자리도 다시 알지 못하거니와"(시 103:15-16).

도 있다. 다 일리(一理)가 있다. 대개 인간은 가능한 한 많은 지식을 축적하려고 한다. 학교 제도, 공부, 학습이 대표적인 수단이다. 그 외에 교육기관이나 독서, 현대에는 검색, 유튜브 등 인터넷을 통해서 지식을 공유하기도 한다.

지식은 '앎'이다. '앎'은 인식, 통찰, 삶으로 이어진다는 의미에서 인간에게 매우 중요한 부분이라 할 수 있다. 나도 때때로 알려고 애쓸 때가 있다. 또 아는 것을 지우거나 아예 알지 않으려고 애쓸 때도 있다. 지식은 대개 기억으로 저장된다. 기억을 유지하는 데도 많은 노력이 필요하지만, 기억을 지우는 데는 더 많은 노력이 필요한 듯하다.

특히, 현대인은 거대한 지식 더미에 파묻혀 살아간다. 인생의 길을 비춰 주는 지식도 있지만 쓰레기 더미같이 어둠으로 몰아넣는 지식도 많다. 그것을 군더더기라고 했던가. 이런 지식은 인생을 혼돈에 빠트린다. 보기에는 먹음직도 하고 보암직도 하고 지혜롭게 할 만큼 탐스럽기도 하지만(창 3:6), 실상은 그렇지 않다.

지식도 많은 경우 탐욕에 의해 축적된다. 인생에 매우 유익할 것 같아 책도 읽고 공부도 하지만, 그러는 사이 자신도 모르게 점점 탐욕에 이끌려 간다. 처음에는 내가 술을 마시지만, 나중에는 술이 술을 마시고, 결국에는 술이 사람을 마시는 것처럼 말이다. 학자들도 예외는 아니다. 전도서에 보면 이런 말씀이 나온다.

> 내 아들아 또 이것들로부터 경계를 받으라 많은 책들을 짓는 것은 끝이 없고 많이 공부하는 것은 몸을 피곤하게 하느니라 일의 결국을 다 들었으니 하나님을 경외하고 그의 명령들을 지킬지어다 이것이 모든 사람의 본분이니라(전 12:12-13).

또 잠언에는 "여호와를 경외하는 것이 지식의 근본"(잠 1:7)이라고 쓰여 있다. 온전한 지식이 무엇인지를 명확하게 보여주는 말씀이다.

사실과 정보, 원리를 아는 것은 지식의 작은 조각에 불과하다. 그것이 온전한 지식으로 기능하려면 역시 전체적인 맥락이 중요하다. 어떤 것을 깊이 연구해서 그 분야의 박사라고 해도 그 지식이 궁극적으로 하나님과 연결되어 있지 않다면, 온전한 지식이라 할 수 없다.

물론, 현대인은 그것이 비록 사탄의 도구로 사용된다고 하더라도 대단한 지식이라고 인정하는 편이다. 부정할 수 없는 사실이다. 하지만, 하나님의 주권을 벗어난 지식이나, 창조 질서에 반하는 지식은 궁극적인 지식이라고 할 수 없다. 창세기의 "선악을 알게 하는 나무"(창 2:9)에 대해 되짚어 볼 필요가 있다.

선악을 알게 하는 나무가 무슨 문제가 되는가?

현대는 이성 간에 하는 결혼도 있고 동성 간에 하는 결혼도 있다고 말할지 모르겠지만, 결혼이란 원래 이성을 전제로 한 것이다. 그러므로 동성결혼이라는 말은 애초에 성립이 되지 않는다. 그러한 맥락에서 창조 질서에 반하는 것은 지식으로 인정되지 않는다는 의미이다.

종교

이 세상에는 다양한 종교가 있다.

종교는 과연 어떻게 시작되었을까?

하나님에 의해 창조된 우리의 조상 아담과 하와가 범죄하여 비록 에덴동산에서 쫓겨났지만, 그 후손들도 여전히 하나님께 예배했다는 기록이 나온다(창 4:3-4). 이후로 인류가 점점 번성하면서 많은 사람이 하나님을 떠나게 되었고, 그러다가 결국에는 하나님의 존재도 잊어버리게 되었다.

하지만, 하나님의 형상을 지닌 인간은 본능적으로 인간의 불완전성과 결핍을 느낄 수밖에 없었을 것이다. 아마 가출한 사람의 심정(心情)이 이와 비슷할 듯하다. "아버지는 없어!" 또는 "아버지는 죽었어!"라며 애써 부정해 보지만, 그 공허한 마음이 충족될 리 없다. 그래서 그 나름대로 의지할 만한 대상을 찾기 시작했을 것이다.

그렇게 시작하여 조상이나 자연 등 다양한 대상을 숭배하게 되었을 것이고, 문명이 발달하면서 자연스럽게 불교나 유교, 이슬람교, 힌두교 같은 고등 종교가 생기게 되고, 경전이나 교리들도 점점 체계화되었을 것이다. 지금은 유사 종교, 사이비 종교까지 수없이 많은 종교가 있다.

기독교에서 전도할 때 회개를 촉구하는 것(마 3:1-2; 4:17)은 원래 하나님을 예배하던 인류가 후대로 갈수록 하나님을 떠나고 배역(背逆)하게 되었기 때문이다(창 6:5-7). 대표적인 예가 노아 홍수 시대이다. 〈탕자〉의 비유(눅 15:11-32)를 생각해 보면 아마 이해가 더 쉬울 것이다.

대부분의 종교는 잃어버린 인간의 고향과 정체성 그리고 자신의 진정한 주인(主人)을 찾는 데서 비롯된 몸부림이다. 모양은 다르지만, 다윈이나 니체 같은 사람들이 외치는 무신론(無神論)이나 인본주의(人本主義)도 그중 하나일 것이다. 진짜 주인을 못 찾으니 명상이나 희한한 사상[5]에 빠지기도 한다. 공갈 젖꼭지라도 빨고 싶어서일까. 하지만, 잘못된 전제에는 결코 답이 나올 수 없다.

철학

철학은 인간의 본질과 삶, 세계관 등을 탐구하는 학문이다. 모르기는 해도 철학은 아마 신학에서 파생되었을 것이다. 원래는 신학과 한 가족이었지만, 어느 순간 인본주의가 부각되며 함께 가출한 것이 아닌가 하는 생각이 든다.

역사를 보면 안타깝게도 우리의 시조 아담과 하와의 사이클(cycle, 순환 과정)을 그 후손도 그대로 반복하는 듯하다. 하나님께서 인간에게 에덴동산이라는 최상의 환경을 만들어 주셨는데도 인간은 기어코 죄를 짓는다. 모든 것을 다 허용하고 딱 한 가지만 금했는데도 굳이 그것을 어겼으니, 우연이라고 해야 할지 천성이라고 해야 할지 참 어이가 없다.

---

5 "악인은 그의 교만한 얼굴로 말하기를 여호와께서 이를 감찰하지 아니하신다 하며 그의 모든 사상에 하나님이 없다 하나이다"(시 10:4).

문제는 그것이 끝이 아니라는 것이다. 인류는 그 이후로 끊임없이 하나님이 싫어하는 짓만 골라 하며 죄를 짓는다. 하나님께서 주신 선물로 하나님을 들이받는 데 사용하니, 참 입이 열 개라도 할 말이 없다. 그것이 철학이요 과학이다.

현대의 철학과 과학은 완전히 반항아요 이단아 수준이다. 하나님의 창조 원리를 규명하고 증명하던 철학과 과학이 이제는 반대로 하나님을 대적하는 데 사용되기 때문이다.[6] 언젠가 인공지능이 인간을 무시하고 반항하면, 그제야 탄식하며 하나님을 돌아보게 될지 모르겠다.

여하튼 분명한 것은 철학은 하나님이 창조한 세계와 인간을 규명하려는 데서 출발한 학문이고, 과학은 인간의 두뇌로 창조 질서를 논리적으로 증명하려는 데서 비롯된 학문이라는 것이다. 이것이 돌변하여 창조주에게 총부리를 겨누고 있는 것이 지금 현실이다. 이것이 철학과 과학의 실체요 한계이다.

---

6 "이 사람아 네가 누구이기에 감히 하나님께 반문하느냐 지음을 받은 물건이 지은 자에게 어찌 나를 이같이 만들었느냐 말하겠느냐 토기장이가 진흙 한 덩이로 하나는 귀히 쓸 그릇을, 하나는 천히 쓸 그릇을 만들 권한이 없느냐"(롬 9:20-21).

갑자기, 입에 고깃덩어리를 물고 개울에 비치는 자기 모습을 쳐다보며 "내가!"라고 하다가 고깃덩어리를 통째로 물에 빠트려 버린 개의 이야기가 생각난다.

그러고 보니 소크라테스가 말한 "너 자신을 알라"라는 말은 참으로 명언이다.

기술

인간은 다른 동물에 비해 어설픈 부분이 참 많다.

그러나 두뇌만큼은 어느 동물에도 뒤지지 않는다. 그 결과물이 기술이다. 기술은 인간과 분리할 수 없는 개념이다. 기술의 바탕은 생각할 수 있는 능력이다. 육체적인 능력은 동물에 비해 결함이 많은 편이지만, 도구를 발명하고 활용하는 영역에서는 한계를 모를 정도로 발전해 왔다. 과학, 건축, 의료, 교통, 통신, 예술 분야까지 전방위적이다. 요즘에는 인공지능까지 개발해 황홀할 지경이다.

또 중요한 것은 열 손가락을 가진 정교한 손이다. 손을 인간처럼 정교하게 사용할 수 있는 동물은 없다. 인간처럼 깊이 생각할 줄 알며, 복잡한 언어로 소통할 수 있는 동물도 없다. 음식을 만들고, 운전을 하고, 컴퓨터나 스마트폰을 조작하는 것은 일상이다.

피아노나 바이올린을 인간처럼 잘 다루는 동물이 있는가?

책을 쓰고, 책을 읽는 동물은 또 어디 있는가?

육체적으로는 어설프고 연약하고 무능한 인간이지만, 태초에 하나님께서 만물을 다스릴 수 있는 권한과 능력을 허락하셨기에 이렇게 문명과 기술을 누릴 수 있는 것이다.

기술은 기술의 목적과 분리될 수 없다. 잘 드는 칼이 요리사의 목적에 부합될 때 비로소 의미가 있는 것과 같다. 인간은 자주 기술 자체에 감탄하지만, 기술은 아무리 대단하더라도 그저 도구일 뿐이다. 기술은 창조주가 인간에게 허락한 선물이므로 그 목적에 맞게 사용될 때 비로소 진정한 가치를 지닌다.

기술이 창조주의 목적과 의도를 벗어나 독자적으로 의미를 지니게 된다면, 그 세상은 위험해진다. 불행히도 창조주는 망각하고 과학, 기술에만 취해 있는 지금이 바로 그런 세상이다. 이제는 기술도 고아가 되어 버린 듯하다.

예술

예술(藝術)이란 인간의 정신세계를 어떤 매체를 통해 아름답게 표현하는 활동이라고 할 수 있겠다. 지금은 예술이 일상생활로부터 분리되어 있지만, 처음에는 아마 통합되어 있었을 것이다. 그리고 감상용이 아니라 실용적인 목적으로 행해졌을 것이다. 지금처럼 감상 대상으로서의 예술은 역사가 그리 오래되지 않을 것이다.

예술의 대상은 주로 일상과 자연환경이었을 것이고, 예술을 하는 방법도 모방이 대부분이었을 것이다. 물론, 그것을 예술이라고 부르지도 않았을 것이고, 예술가라는 개념은 더더욱 한참 뒤에 생겨났을 것이다.

예술의 기본 원리를 다양성이라고 생각하는 사람이 많을 텐데, 그보다 더 우선되는 원리는 질서와 조화이다. '창의성'이라는 말에 비중을 두다 보면 자칫 오해할 수도 있겠지만, 사실 예술은 철저하게 통일성을 바탕으로 한다.

이 원리는 고전 예술은 말할 것도 없고, 지금까지의 모든 예술에 유효하다고 할 수 있다. 제아무리 창의적인, 희한한 작품을 만든다고 하더라도 이 원리에서 벗어날 수 없다.

예술은 자연의 모방으로부터 시작되었으며, 예술이 추구하는 궁극적인 가치인 '아름다움'(美)은 철저하게 질서를 바탕으로 하기 때문이다.

이것은 무신론자가 무신론을 주장할 때도 창조주가 제공한 도구를 사용할 수밖에 없는 것과 같은 원리이다. 철저하게 통일성 없는, 무질서한 작품을 만들겠다고 의도한—우연성이나 불확정적인 원리로 만들어진—작품조차도 그 원리는 벗어날 수 없다.

그러나 안타깝게도 현대의 많은 예술가가 그런 방향으로 가고 있다. 이들은 예술이 무엇인지를 모르거나, 작심하고 질서를 파괴하려는 무모한 반항아들일 것이다. 질서를 깨트리는 것은 예술이 아니다. 기차가 레일을 벗어나면 큰 사고가 나는 것처럼, 하나님께서 창조하신 질서를 벗어나면 결국 파멸에 이르고 말 것이다.

예술을 하면서도 창조 질서를 존중하지 않는다면, 그는 진정한 예술가라 할 수 없다. 예술의 순기능은 예술 작품을 통해 창조 질서의 아름다움을 느끼게 하는 것이다. 그것이 예술 작품이 알코올이나 마약과 다른 점이다.

교육

　교육(敎育)이라는 것은 인간 사회에서 매우 중요하고, 유용한 방편이다. 교육에는 가르치는 사람이 있고, 배우는 사람이 있다. 가정 교육, 교회 교육, 학교 교육, 사회 교육 등 다양한 형태로 이루어진다. 인간의 경험과 지식, 기술, 지혜가 대부분 교육을 통해 전수된다.

　성경에 나타나는 최초의 교육은 하나님이 아담과 하와에게 하신 명령(창 1:28; 2:16-17)이라 할 수 있겠다. 교육에서 가장 중요한 것은 교육의 내용이다. 하나님은 인간에게 "이 세상을 다스리라"라고 하셨다. 이것은 '창조 질서'에 관한 것이다. 그리고 '선악'(善惡)의 개념도 가르쳐 주셨다. 창세기 1장과 2장에는 천지 창조와 더불어 인간 사회의 가장 기본적인 질서인 남녀 양성에 관한 것(창 1:27)과 결혼에 관한 것(창 2:24)도 다루고 있다.

　교육이라는 이름으로 잘못된 내용이 전수된다면 이는 매우 위험한 일이다. 그래서 교육의 내용이 중요하다. 교육의 핵심은 인간과 창조주, 창조 질서, 도덕, 윤리에 관한 것이 되어야 한다. 교육은 단순히 지식을 축적하거나 성공을 이루기 위한 수단으로 이루어져서는 안 된다. 교육은 올바름이 전제되지 않을 때 이미 교육이라 할 수 없다. 그것은 자칫 교육을 빙자해 인간에게 해로운 것을 주입하는 범죄 행위가 될 수도 있다.

사회

사회생활이란 한마디로 인간관계를 말한다.
사회생활에서 가장 중요한 덕목은 무엇인가?
도덕과 윤리다. 도리(道理)라고도 한다. 또 규범, 법이라는 것도 있다.
인간은 왜 다른 사람에게 친절하고, 사랑을 베풀까?
원래부터 그런가?
특히, 현대인은 공동체(국가, 기업, 단체) 차원이든 개인 차원이든 자선, 구제, 기부를 많이 한다.

왜 그런가?
마음이 착해서 그런가?
잘 살기 위해서 또는 과시하기 위해서 그런가?
자기만족을 위해서, 아니면 자신의 안녕을 위해서인가?

그 원인은 대개 복합적일 것이다.

신이 없어도 그렇게 할지 곰곰이 한번 생각해 보자.

동물이 지니는 본능(本能) 이상의 것을 이성(理性)이라고 하는데, 이 이성은 과연 스스로 생긴 것일까?

사실 인간의 모든 질문은 "이 우주와 생물이 자연 발생적으로 우연히 생겨난 것인가, 아니면 누군가에 의해 창조된 것인가"라는 질문으로 압축된다고 할 수 있겠다. 이 이성이라는 것도 그러한 맥락에서 이해할 수 있다.

나는 작곡가로서, 만든 존재가 없는 사물(事物)은 없다고 믿는다. 작곡하다 보면 우연히 생겨나는 결과도 자주 접할 수 있지만, 그런데도 근본적으로 만든 존재가 없는 사물, 즉 작가(作家)가 없는 작품(作品)은 성립될 수 없다는 것이 나의 확고한 신념이다.

그런 의미에서 나의 신념은 인과론이나 목적론과 연관 지을 수 있다. 우연성이나 불확정성도—비록 예측은 어렵지만—어디까지나 일정한 테두리 안에서 발생한다고 보는 것이다.

이웃을 사랑하고, 공동체를 사랑하고, 심지어는 자신을 사랑하는 것까지도 신의 개입 없이는 불가능하다. 약한 사람을 긍휼히 여기고, 배려하고, 친절하고—요즘에는 동물에게도 그렇지만—나와 이해관계가 전혀 없는 사람에게도 자비를 베푸는 것은 인간 스스로가 할 수 있는 성질의 것이 아니다. 인간이 비록 그 과정은 인정하지 않을 수도 있겠지만, 그 근원은 분명 창조주 하나님의 의(義)와 사랑, 그의 형상에서 비롯되었다고 본다.

인간의 인품(人品)이나 덕(德)이 그렇게 만든다고 생각하는 사람이 있을지 모르겠지만 그렇지 않다. 그것은 그저 근원을 싹둑 자르고 하는 무지한 말일뿐이다. 부모에게서 나고 자란 자녀가, 필사적으로 그 부모를 부정하고 대적하려 드는 것과 같다. 이는 배은망덕(背恩忘德)한 행동이요, 손바닥으로 하늘을 가리는 매우 어리석은 짓이다.

이러한 경향은 신자나 불신자나 별 차이가 없는 듯하다. 신자는 순종하는 척하며 거역하고(마 21:28-29), 불신자는 대놓고 거역할 뿐이다. 신자는 속이니까 악하고, 불신자는 무지하니까 어리석고 미련하다.

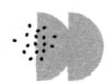

제7장

수가성 여인

요한복음에 예수님과 한 여인의 대화가 나온다.

> 이르시되 가서 네 남편을 불러오라 여자가 대답하여 이르되 나는 남편이 없나이다 예수께서 이르시되 네가 남편이 없다 하는 말이 옳도다 너에게 남편 다섯이 있었고 지금 있는 자도 네 남편이 아니니 네 말이 참되도다(요 4:16-18).

지금 있는 자도 네 남편이 아니니

예수님과 사마리아 수가성에 사는 여인의 대화는 매우 흥미롭다. 흥미로울 뿐 아니라 삶에 매우 깊은 통찰을 준다. 다소 빈정대는 듯 예수님과 대화를 시작한 수가성 여인은 대화가 몇 마디 진행되지 않아 이내 꼬리를 내리는 분위기이다. 처음에는 단순히 물을 얻어먹으러 오신 듯한 예수님이, 영원히 목마르지 않는 물에 관해 이야기하시다가 이 여인이 제대로 이해하지 못하는 듯하니까 느닷없이 네 남편을 불러오라고 하신다. 이런 반전은 예수님이 아니고는 불가능할 것이다.

"네 남편을 불러오라!"

이것은 우리에게 하시는 준엄한 명령이기도 하다. 한마디로 꼼수를 불가능하게 하는 명령이다. 적당히 빠져나갈 수 있는 명령이 아니다. 갑부이거나 교수이거나 과학자이거나 철학자이거나 국회의원이더라도 이 명령을 맞닥뜨리게 된다.

이 여인이 "남편이 없나이다"라고 대답하니 예수님이 또 이렇게 놀라운 말씀을 하셨다.

"네가 남편이 없다고 하는 말이 옳도다. 너에게 남편 다섯이 있었고, 지금 있는 자도 네 남편이 아니니, 너의 말이 참되도다."

참 기가 찬다. 그저 우물가에서 한 여인에게 물을 달라며 사소한 대화를 나누실 줄 알았는데, 그것이 아니었다. 여인도 그랬겠지만, 나도 여기서 적잖이 충격을 받았다. 남편이 다섯이나 있었고 지금 있는 자도 남편이 아니라고 하신 말씀은, 예수님이 부활하신 후 베드로에게 "네가 나를 사랑하느냐" 하고 세 번 물으신 것보다 더 충격적으로 다가왔다.

이것은 마치 "제가 산전수전 다 겪었는데, 지금은 남부럽지 않을 정도로 돈도 있고요. 전화 한 통이면 장관이 직접 찾아올 정도로 명예와 권력도 있고요. 100세가 내일모레인데 건강도 젊은 사람 부럽지 않아요!"라며 자랑스럽게 말하고 있는데, "솔직히 말해 봐! 너 그래도 행복하지 않잖아?"라고 정곡을 찌르는 듯하다. 예수님은 그녀에게 남편이 두 명도 아니고 다섯 명이 있었는데, 지금 있는 자도 남편이 아니라고 하신다.

나는 예수님과 사마리아 여인과의 대화가 지금 한국 교회에 주는 메시지에 집중해 본다. 예수님이 "네 남편을 불러오라!"라고 하신 것을 지금 한국 교회에 적용해 보면 "아직도 내가 준 복음이 있느냐?"라고 하시는 듯하다. "있으면 가져와 봐!"라는 말씀이다.

이 여인은 "남편이 없나이다"라고 솔직하게 고백했지만, 아마 우리는 부끄러운 줄도 모르고 "아, 주님! 우리 교회는 출석 교인이 10만 명 넘고요. 선교사도 300명 파송했고요. 교회도 100개 이상 개척했어요. 그리고 구제도 매년 10억씩 하고 있어요"라며 무엇인가 들이댈지도 모르겠다.

곧이어 예수님이 사마리아 여인에게 "네가 남편이 없다고 하는 말이 옳도다. 너에게 남편 다섯이 있었고, 지금 있는 자도 네 남편이 아니니, 너의 말이 참되도다"라고 하신 것은 '네 자신을 알아라!' 라는 의미이다.

꼭 한국 교회에 여태껏 하나님, 예수님, 교회를 핑계 대며 헛짓거리 한 것을 책망하시는 듯하다.

"이 악하고 게으른 종아, 나와 내 아버지 이름을 팔아 네 배만 불렸구나. 그럴듯하게 외식하는 너희도 그렇고, 마음만 있으면 된다고 하며 최소한의 양심도 없는 너희도 그렇고.

다 보기 싫으니, 반성하고 회개하여라!"

예수님이 이렇게 말씀하시는 듯하다.

지금 한국 교회는 복음만 빠지고 다른 것은 다 있다. 세상에 있는 것은 교회에 다 있다. 행동하는 것은 비슷하지만, 그래도 교회가 세상보다 더 악한 것은 위선적이기 때문이다. 교회는 양의 탈을 쓰고 늑대 행동을 하기 때문이다. 이것이 수가성 여인의 이야기가 주는 엄중한 교훈이다.

> 예수께서 이르시되 네가 남편이 없다 하는 말이 옳도다 너에게 남편 다섯이 있었고 지금 있는 자도 네 남편이 아니니 네 말이 참되도다 (요 4:17-18).

이 말씀은 생각할수록 그 표현이 기막히다. 하나님께서 인간에게 주신 유일한 계시인—자연 계시도 있지만 인간의 언어로 주신 계시라는 의미에서—성경은 수천 년 전부터 그대로이지만, 해석하고 적용하는 신학, 사상, 철학, 설교는 시대가 흐를수록 가관이다.

매번 그럴듯한 논리와 근거를 늘어놓긴 하지만, 점점 더 빗나가기만 한다. 성경은 성경인데, 성경을 통해 하나님을 더 깊이 알게 되는 것이 아니라 점점 더 멀어진다. 성경에서 매우 명확한 것도 복잡하게 비틀어 놓은 인간의 해석과 적용을 보면 도움은커녕 어지러울 지경이다. 주석을 보고, 설교를 듣고, 성경 공부를 하면 할수록 오히려 하나님을 알기가 더 어려워지는 듯하다.

우리는 지금도 여전히 허탕 칠 수밖에 없다. 이것은 인간의 부족함이 아니라 악함에 기인한다. 사탄의 역사다.

그래서 예수님은 "지금 있는 자도 네 남편이 아니니"라고 말씀하신다. '네 사상과 신앙이 잘못되었다'라는 뜻이다. 한마디로 사이비라는 것이다. 가짜라는 것이다. 헛짓거리라는 것이다. 지금 담임목사도 진정한 목자가 아니고, 지금 교회가 하는 것들도 하나님과 전혀 관계가 없다는 경고의 말씀이다.

나만이라도 잘 살자

내가 〈영성 회복 운동〉을 하기 위해 예전에 섬기던 교회를 떠날 때만 해도 찬양과 예배에 진정성이 없는 것이 문제라고 진단했었는데, 시간이 지날수록 그것이 아니라는 생각이 들었다. '교회가 문제구나', '담임목사님이 문제구나'라는 생각에 이르게 되었다. 지휘자로서는 할 수 있는 것이 극히 제한적이었기 때문이다.

그 후에 명상록 『우유는 희다』, 『아모스의 종소리』, 『공책』을 쓰고, 『프리즘 키아즘 성경』의 저자 강유식 목사님, 합정동교회 김효성 목사님, 새누리교회 오세준 목사님을 알게 되고, 몇몇 목사님을 만나서 대화도 해 보고, 본회퍼의 책이나 로빈슨의 『신에게 솔직히』라는 책도 읽고, 자유주의 신학이나 다양한 철학자들의 사상도 접하게 되면서 "너에게 남편 다섯이 있었고 지금 있는 자도 네 남편이 아니니"라는 말씀이 확실하게 와닿았다.

처음에는 '사과에 흠집이 조금 있구나! 아깝네'라는 정도로 생각했었는데, 막상 들여다보니 속이 완전히 썩어 있는 것이 아닌가. 그래서 그런가 보다 하고 자세히 보니 사과나무가 통째로 병들어 있는 것이 아닌가.

하는 수 없이 나무를 교체하려고 알아보니까, 글쎄 토양 자체에 문제가 있다는 것이 아닌가!

그야말로 설상가상이었다. 설마 했는데 생각보다 문제가 심각했다. 한참 사람—주로 의식 있는 목사님—을 찾으러 다니기도 하고, 유튜브 방송도 열심히 했는데, 얼마 전에 모든 것을 중단해 버렸다. 이런 것이 어제오늘의 문제가 아니라는 사실을 깨달았기 때문이다. 그래서 결국 '나만이라도 잘 살자'라는 결론에 이르게 되었다.

이제 '설마'에서 '혹시나'로 생각이 바뀌었다. '설마 아픈 사람이 있을까'라는 생각에서 '혹시나 건강한 사람이 있을까'로 바뀌었다는 말이다. '설마 죽은 사람이 있을까'라는 생각에서 '혹시나 산 사람이 있을까'로 바뀌었다는 의미이다.

나만이라도 잘 살겠다고 생각하는 것이 확실히 현실적이고 속 편한 듯하다. 육십 세가 다 된 지금은 말도 막 떠들지 않는다. 갑자기 〈타이타닉〉 영화가 생각난다. 혹시나 산 사람이 더 있을까 봐 애타게 찾고 있던 그 장면 말이다.

> 너에게 남편 다섯이 있었고 지금 있는 자도 네 남편이 아니니(요 4:18).

이 말씀은 아무리 생각해도 참 놀라운 통찰인 듯하다. 이런 말씀을 듣고도 납작 엎드리지 않고, 여전히 고개를 뻣뻣이 들고 목에 힘을 주고 있다면, 그야말로 방법이 없는 듯하다. 물론, 이것이 부정할 수 없는 우리 인간의 참혹한 현실이기는 하지만 …. 그런데도 나는 여전히 글을 쓰고 있다. 아직은 살아 있으니까 ….

"너에게 남편 다섯이 있었고 지금 있는 자도 네 남편이 아니니"라는 말씀은 인간의 한계성을 보여 주는 매우 엄중한 말씀이다. 남편이 하나둘도 아니고 다섯이나 있었고, 지금 있는 자도 남편이 아니라고 예수님은 말씀하신다. 포이어바흐도 있었고, 다윈도 있었고, 니체도 있었고, 프로이트도 있었지만 다 남편이 아니라고 하신다. 이들은 수천 년 역사에서 기껏해야 몇백 년 전에 나타난 이단아들이다.

중심이 중요하다고 형식을 완전히 해체하는 것도, 또 중심은 없고 형식만 화려한 것도 다 인간의 남편이 아니었다. 유대교도, 로마가톨릭도, 자유주의 신학자들의 사상도 남편이 아니라는 말이다.

그야말로 멘붕(멘탈 붕괴)이 오는 쓸쓸한 이야기지만, 오늘날의 개신교도 남편이 아니기는 마찬가지다. 하나님을 이야기하는데 하나님이 없고, 예수님을 이야기하는데 예수님이 없기 때문이다. 많은 목회자가 실상 하나님도 예수님도 모르는 사람이다. 그저 자신의 목적을 위해 이용할 뿐이다. 소위 종교로 먹고사는 장사치일 뿐이다. 정치꾼이나 별반 차이가 없다. 그러므로 그들의 사상이나 철학, 설교가 아니라 유일한 신앙의 근간이 되는 하나님의 말씀, 성경에 집중해야 한다. 성경이 본질이다. 다른 것은 다 군더더기일 뿐이다.

은혜

은혜(恩惠)가 무엇인가?

감동인가, 흥분인가, 복(福)인가?

은혜란 말은 "은혜가 넘치는 교회", "은혜 주시옵소서", "충만한 은혜", "하나님의 은혜", "은혜로운 말씀", "은혜롭게 합시다", "은혜받았다" 등 다양하게 사용된다. 참고로 여기서는 사전적인 의미보다 교회와 성도 사이에 일상적으로 통용되는 의미를 중심으로 생각해 보려고 한다.

은혜는 신앙생활의 핵심이라 할 수 있는 매우 중요한 개념이다. 실제로 교회에서 성도들이나 목회자들이 많이 쓰는 용어 중 하나가 은혜이다. 아울러 가장 불명확하고, 가장 오해가 많은, 때에 따라서는 올바른 신앙생활에 가장 방해가 되는 용어이기도 하다.

대표적인 예를 들자면 감동적이고 흥분될 때 은혜가 충만하다고 하기도 하고, 세상적인 복을 받았을 때도 은혜받았다고 하며, 또 어떤 일을 원만하게 해결하려고 할 때도 "은혜롭게 합시다"라고 한다. 이것은 모두 잘못 사용된 예이다.

성경에 나타나는 은혜의 가장 핵심적인 의미는 '긍휼'이다. 인간의 힘과 노력으로는 도저히 씻을 수 없는 죄를 값없이 씻어 주시고 구원해 주신 것을 의미한다. 이외에는 은혜라는 말을 쓰지 않는 것이 좋다. 은혜에 해당하지 않기 때문이다. 그런 경우는 그저 좋은 것, 복, 선물, 친절, 호의, 기분, 감동이라는 단어를 사용하면 된다. 이것이 잘못 적용될 때 진짜 은혜는 희석되고, 값싼 은혜가 되고 만다.[1]

은혜의 의미만 제대로 알고 적용해도 현재 한국 교회가 가진 문제의 90퍼센트는 해결될 수 있을 것이다. 누구나 알 법한 이 개념을, 제대로 알고 제대로 사용하는 것이 이렇

---

1 "우리가 하나님과 함께 일하는 자로서 너희를 권하노니 하나님의 은혜를 헛되이 받지 말라"(고후 6:1)라는 말씀과 이어지는 고린도후서 6장 3-10절에서 은혜받은 성도의 삶에 대해 자세히 설명하고 있다.

게 중요하다. 수가성에 사는 여인의 모습이 바로 우리의 모습이다.

문제는 지금 세대다

언젠가부터 한국 교회는 다음 세대를 심각하게 걱정하는 듯하다. 하지만, 문제는 다음 세대가 아니라 지금 세대라는 생각이 든다.

나는 많은 사람이 믿지 않는 사람들을 전도해야 한다고 목소리를 높일 때 교회 안이 더 급하다고 했었는데, 이제 너나없이 다음 세대를 걱정하고 있는 이때 기성세대를 걱정한다.

사실 왜 다음 세대를 걱정하는지 이해가 안 된다. 표면적으로는 하나님의 영광을 위해서, 하나님을 걱정해서, 구령(救靈)의 사명감으로, 또는 하늘나라의 일꾼이 부족할까 봐, 기독교가 없어질까 봐 그런 듯한데, 왠지 '과연 그럴까'라는 의구심이 든다.

의구심이 드는 데는 두 가지 이유를 들 수 있다.

첫째, 하나님은 전지전능하시기 때문이다. 부족함이 없는 분이시다. 신자가 부족해서, 헌금이 부족해서 우리의 도움이 필요한 분이 아니시다.

둘째, 정말 전도에 대한 사명으로 마음이 뜨거운 사람이 있다면, 본인이 먼저 진정한 신자가 되어야 하기 때문이다. 말하자면, 지금 세대가 정신을 차리는 것이 더 본질적이고 급하다는 것이다.

결론적으로 다음 세대에 대한 문제 진단과 해법이 잘못되었다고 생각한다. 자연적인 인구 감소로 다음 세대가 줄어들고, 고령화되어 가는 것은 지극히 자연스러운 현상이다. 굳이 따지자면 결혼과 자녀 출산을 기피한 인간의 이기적인 행태에도 문제가 있지만, 다음 세대 문제를 인간적인 방법으로 해결하려고 하는 것은, 하나님께서 원하시는 방식이 아닐뿐더러 순리도 아니다. 그것은 인본주의적인 발상이다.

신자가 줄어드는 것을 왜 인간이 걱정해야 하는가?

순전히 경영적인 이유 때문이 아닌가?

만약 교회 운영이 어려워지기 때문에 걱정하는 것이라면 그것은 분명 잘못되었다. 인간이 교회를 운영한다는 발상도 어떻게 이해해야 할지 모르겠다.

답은 하나다. 타락의 고속도로를 질주해 온 기성세대가 회개하고 하나님께로 돌아오는 것이다. 그리고 새 삶을 살아가는 것이다. 이것이면 충분하다.

사실 이것밖에 답이 없다. 우리가 하나님의 자녀답게 바르게 살아간다면, 다음 세대는 하나님께서 알아서 하실 것이다. 하나님께서 우리에게 땅끝까지 증인이 되라고 하신 이유가 하나님의 손이 짧아서 그런 것이 아니라는 사실[2]을 한번 깊이 되새겨 볼 필요가 있다. 기성세대가 바로 서면, 다음 세대는 하나님께서 이루신다.

일단 정지

이제 제발 가던 길을 멈추자. 자신은 바른길로 가고 있는 것처럼, 다른 사람들을 안타까운 마음으로 재촉하는 당신과

---

2 "여호와의 손이 짧아 구원하지 못하심도 아니요 귀가 둔하여 듣지 못하심도 아니라 오직 너희 죄악이 너희와 너희 하나님 사이를 갈라 놓았고 너희 죄가 그의 얼굴을 가리어서 너희에게서 듣지 않으시게 함이니라 이는 너희 손이 피에, 너희 손가락이 죄악에 더러워졌으며 너희 입술은 거짓을 말하며 너희 혀는 악독을 냄이라"(사 59:1-3).

나,³ 이제 우리의 길을 심각하게 점검해 보아야 할 때이다.

일단 정지하자. 우리는 너무 열심히 달려가지만, 어디로 달려갈지에 대해서는 별 고민이 없는 듯하다. 일단 정지해서 내가 생각하고 말하고 행동하는 이것이 무슨 의미인지, 내가 지금 무엇을 하고 있는지 곰곰이 한번 돌아볼 필요가 있다. 가장 현명한 것은 이 문제가 해결되기 전에는 한 발짝도 움직이지 않는 것이다. 정말 한 발짝도 …. 우리의 신앙이 어디서부터 잘못되었는지 성경을 펼쳐 놓고, 하나님의 말씀 앞에서 무릎 꿇고 하나하나 점검해 보자는 말이다.

다른 어떤 것보다 브레이크가 안 되는 차가 가장 위험하다. 그래서 고난이 중요하다. 안타깝게도 지금 한국 교회에는 브레이크가 없다. 브레이크가 없는 곳에서는 반성도 회개도 부흥도 기대할 수 없다.

한국 교회의 성도(특히, 목회자) 중에 이 책을 접하지 못하는 사람이 대부분이겠지만, 그나마 읽은 사람 중에도 비난하는 사람이 대부분일 것이다. 그래도 좋다. 지금까지 한국 교

---

3   "화 있을진저 외식하는 서기관들과 바리새인들이여 너희는 교인 한 사람을 얻기 위하여 바다와 육지를 두루 다니다가 생기면 너희보다 배나 더 지옥 자식이 되게 하는도다"(마 23:15).

회에 대한 나의 진단이 잘못되었거나 내가 오만하다면 분명히 하나님께서 철저하게 심판하실 것이다. 나야 이미 그럴 각오가 되어 있다. 그리고 그것은 응당 내가 감당해야 할 몫이다.

그러니 지금 이 책을 읽고 있는 당신도 가던 길을 멈추고 진지하게 한국 교회와 자신을 한번 돌아보기를 간곡히 부탁한다.

제로 곱 법칙[4]

'제로 곱'은 하나님의 법칙이다. 부자 곱하기 제로는 제로이다. 가난한 사람 곱하기 제로도 제로이다. 박사 곱하기 제로는 제로이다. 일자무식쟁이 곱하기 제로도 제로이다. 아침 일찍 온 사람도 제로요, 저녁이 다 되어 갈 때 온 사람도 제로이다. 평생 피땀 흘려 쌓아 놓은 모든 공로도 제로이다. 그것이 도덕이든, 윤리든, 예배든, 찬양이든, 전도든, 구제든,

---
4 '제로 곱'은 원래 곱셈에서 아무것도 곱하지 않았을 때의 수, 즉 0을 의미하는데, 여기서는 어떤 값에 제로를 곱하면 제로가 되는 원리를 말한다.

헌금이든, 봉사든, 기도든, 성경 읽기든, 친절이든, 사랑이든 말이다. 이 세상의 그 어떤 것도 제로를 곱하면 제로이다. 부자도 가난한 사람도, 박사도 일자무식쟁이도 하나님 앞에서는 아무 차등이 없다.

예수님은 헌금을 많이 넣은 부자들보다 두 렙돈을 넣은 가난한 과부를 더 기뻐하셨다(막 12:41-44). 오히려 가난한 과부가 부자보다 더 많이 넣었다고 하셨다. 이해가 안 되는 계산법이다. 그러나 사람 대부분은 이런 계산법을 못마땅해한다. 불평등하다고 한다. 불공정하다고 한다. 그러나 이것이 하나님의 법칙이다. 참 오묘하다.

오직 쌓이는 것이 있다면 '영'과 '진리'[5]가 아닐까?

---

5 "하나님은 영이시니 예배하는 자가 영과 진리로 예배할지니라"(요 4:24). 이 말씀은 한마디로 '중심'(마음, 내면, 진심. 삼상 16:7 참조)에 대한 말씀이다. 우리가 놓치지 말아야 할 것은, 하나님께서는 우리가 일반적으로 중요하게 생각하는 그런 것을 좋아하지 않으시고 관심도 없으시다는 것이다. 하나님은 오직 '중심'에만 관심이 있으시다. 중심을 조금 쉽게, 직접적으로 설명하자면, 하나님께서 우리가 예배할 때 순서에 따라 행하는 예배 내용을 받으시는 것이 아니라 마음을 받으시고, 헌금할 때 돈을 받으시는 것이 아니라 헌금하는 사람의 마음을 받으신다는 것이다. 형식이나 행위가 중요하지 않다는 말이 아니라 우선순위가 중요하다는 의미이다. 모든 형식이나 행위는 철저하게 마음에서 비롯되어야 한다. 그렇지 않다면 어떤 대단한 형식이나 행위라 하더라도 아무 의미가 없다.

성경은 구닥다리인가

 사람들은 사랑을 내세우며 채찍을 모조리 다 녹여 버렸다. 징계가 사라져 버렸다. 인간 마음대로 하나님의 채찍을 녹이려고 난리가 아니다. 하나님은 사랑이시므로 악도 불법도 대적해서는 안 된다고 한다. '설탕물 하나님'이라도 만들려나 보다. 권위도, 질서도 다 녹여 버렸다. 수천 년 동안 지켜 오던 것을 몇백 년 사이에 무너뜨렸다. 신앙도, 도덕도, 윤리도 그렇게 무너져 버렸다. 원래 어떠했는가는 중요하지 않다.

 똑같은 성경을 보는데, 각자 입맛대로 해석해 버린다. 지금의 잣대로 무너뜨린다. 어떤 경우에는 정반대로 해석하기도 한다. 폭군이 따로 없다. 성경은 그야말로 구닥다리가 되어 버렸다.

 성경은 이제 그저 읽는 것이지 실천하는 것이 아닌 모양이다. 요즘 교회는 성경대로 살아가려는 것을 말린다.

 "현대 사회에서 성경을 그대로 믿고 성경대로 살아가는 것은 가장 위험하고 무모한 짓이다. 목회자와 다른 교인들을 위해서라도 성경대로 살아가는 것은 자제해야 한다. 교회생활을 잘하려면 혹시 그런 유혹이 오더라도 과감하게 뿌리쳐야 한다."

이 세상은 이미 하얀색과 검은색이 뒤바뀐 지 오래다. 언제부터인가 하나님이 의인을 싫어하시고, 악인을 좋아하시는 분으로 뒤바뀐 듯하다. 세상은 이렇게 말한다.

"세상은 살 만하다. 신난다. 황홀하다. 단지 진실하고 진정성 있게 살려고만 하지 않는다면 말이다. 주의하라. 결코 영적으로 혼자 눈을 떠서는 안 된다. 꼭꼭 감아라. 그것만이 이 세상에서 행복하게 사는 길이다."

소설 쓰는 설교자

요즘 설교를 듣다 보면 설교자가 소설을 쓰는 것 같다는 생각이 많이 든다. 성경 공부도 다르지 않은 듯하다. 성경을 깊이 연구하고, 또 신중한 것은 나무랄 바 아니지만, 지나친 추측성과 역사적 해석, 원문 해석, 자의적 해석은 자칫 하나님의 뜻을 좇아가는 데 방해가 될 수 있다.

문장의 직접적인 해석만으로도 명확한 것을, 오히려 복잡하게 엮어서 본질을 벗어나게 만드는 경우가 많다. 이단들도 주로 그런 방법을 사용한다. 누가 봐도 알 만한 것을 비틀어서 아리송하게 해석하는 것이다. 더 설득력 있고 더 창의적으로 더 잘 해석하려고, 더 튀려고 그러는지는 모르겠지만, 볼 수 없는 것, 즉 보이지 않는 것을 보여 주려고 하는 것만큼이나 위험하다는 생각이 든다.

 추측이 진리처럼 둔갑된다면 누가 책임질 것인가?

 나는 오래전부터 '플루트'(flute, 관악기의 일종)를 '플롯'(plot, 문학 작품에서 형상화를 위한 여러 요소를 유기적으로 배열하거나 서술하는 일)으로 쓰지 말라고 블로그에 글도 쓰고, 우려도 많이 했었지만, 이제는 알 만한 공연에서조차 플롯이라고 쓴다. 작은 참극(慘劇)이지만 참 슬픈 일이다. 이것은 성경에 비할 바는 아니지만 누군가는 말도 안 되는 그것을 정통(正統)이라고 받아들일 수도 있다는 것이 애석하다.

 다윈의 진화론이나 니체의 무신론도 그렇지 않은가?
 그 당시에는 그저 유별난 이단아 정도로 취급했겠지만 이백 년도 채 못 되어 어떠한가?
 이미 정통의 한구석을, 그것도 아주 그럴듯하게 차지하고 있지 않은가?
 이슬람교, 안식교, 여호와의 증인, 통일교, 모르몬교(예수 그리스도 후기 성도), 신천지 등 이단들은 또 어떠한가?

한 목자의 허망과 일탈로 수많은 양 떼가 돌이키지 못할 구렁텅이에 빠지게 된다. 자유주의 신학이 그래서 무섭고 위험한 것이다. 목사는 학자도 소설가도 아니다. 하나님의 말씀을 전하는 메신저(messenger), 곧 전달자이다. 하나님의 말씀을 그대로 전하기만 하면 된다.

왜 설득하려고 하는가?
왜 없는 것을 추측해서 소설을 만드는가?
소설가가 부족해서 목사가 소설을 쓰는가?

자기 생각을 섞으면 섞을수록 희석되며, 본인도 성도들도 결국 위험해진다.
설교자는 소설가가 아니다!

인간의 근원

우리는 지금까지 인간에 대해서 다양한 각도로 살펴보았다. 행복한 삶을 살려면 인간이라는 존재를 제대로 이해해야 하고, 인간을 제대로 이해하려면 창조주이신 하나님을 제대로 알아야 한다. 그런 절차 없이 행복한 인생만 추구한다면 결국 공허해질 수밖에 없다. 행복한 삶이란 마르지 않는 근원을 찾을 때 가능하다. 그래서 예수님이 수가성 여인에게 하신 이 말씀이 중요하다.

> 이 물을 마시는 자마다 다시 목마르려니와 내가 주는 물을 마시는 자는 영원히 목마르지 아니하리니 내가 주는 물은 그 속에서 영생하도록 솟아나는 샘물이 되리라(요 4:13-14).

이 세상에는 수많은 수가성 여인이 있다. 그들은 세상이라는 우물가에서 부지런히 자기 나름의 행복을 찾고 있다. 한눈팔지도 않는다. 그 가운데는 내로라하는 부자, 정치가, 학자, 과학자, 기술자, 철학자, 예술가도 있다. 예수님이라는 존재를 알기 전에는 이 수가성 여인처럼 자기가 예수님의 갈증을 채워 주려고 한다. 참 고마운 일이다.

그런데 마치 자신들이 구원자인 양 착각하고 있었는데, 알고 보니 전혀 그런 존재가 아니었다. 자신들이 물컵을 들고 왔다면, 예수님은 영원한 수도꼭지를 들고 오신 것이다.

> 내가 주는 물을 마시는 자는 영원히 목마르지 아니하리니(요 4:14).

수가성 여인은 결국 자기 앞에 서 있는 유대인이 바로 메시아임을 알아차리고, 물동이도 버려둔 채 온 동네 사람들에게 "와서 보라!"라고 외치며 복음을 전하게 된다(요 4:28-30).

신앙은 결국 근원의 문제이고, 그것은 곧 '나'(인간)와 '하나님'의 대결 양상으로 나타난다. 물컵과 수도꼭지, 안타깝지만 그렇게 맞서서 근원을 가리는 것이 신앙의 속성이다. 그래서 이분법이 강조되는 것이다.

신앙의 근원은 곧 인간의 근원이기도 하다.

'나'로부터인가, '하나님'으로부터인가?

근본적으로 나는 없어지고, 하나님만 남아야 제대로 된 신앙이라 할 수 있다. 어떤 경우에도, 어떤 모양으로도 '내'가 나타나면 안 된다. 그것이 아무리 선(善)으로 포장된다고 하더라도 말이다. 그것이 비록 사랑, 정의, 믿음이라 하더라도 말이다.

바리새인, 자기의(自己義), 행위, 비판도 그런 맥락에서 봐야 제대로 이해할 수 있다.

인간의 주인(主人)은 정말 인간이 맞는가?

누가 그렇다고 감히 대답할 수 있는가?

긍휼

은혜(恩惠)가 값싼 은혜로 희석되지만 않았더라도, 나는 이 책을 쓰는 내내 은혜라는 말만 사용했을 것이다. 그러나 안타깝게도 은혜라는 말로는—어떤 식으로 사용하더라도— 내 생각을 전달하기 어렵다고 판단했기에 대신 긍휼(矜恤)이라는 말을 사용하게 되었다.

은혜는 자신의 능력으로는 도저히 해결할 수 없는 문제를 누군가가 대신 해결해 줄 때 사용하는 말이다. 은혜를 베푸는 분의 마음이 곧 긍휼이다.

인간도 긍휼이라는 말을 사용하기는 하지만, 긍휼의 궁극은 당연히 창조주이신 하나님이다. 피조물인 인간은 긍휼의 대상일 뿐이다. 예외가 없다. 예외가 있다면 스스로 긍휼을 거부하는 경우가 될 것이다.

마태복음 18장 21-35절을 보면 두 가지 예를 다 볼 수 있다. 만 달란트 빚진 자를 탕감해 주는 주인의 선행이 곧 은혜요 긍휼이다. 만 달란트는 보통 사람이 평생 일해도 벌 수 없는 금액이다. 주인과 반대로 만 달란트 빚을 탕감받고도, 백

데나리온[6] 빚진 동료에게 모질게 구는 이 악한 종은 긍휼의 대상이 될 수 없다.

현대 한국 교회에 나타나는 심각한 바이러스 세 가지를 나열해 본다면 다음과 같다.

첫째, 앞에서 이미 언급한 것처럼 "은혜에 대한 오해"이다.

한국 교회는 우리가 얼마나 심각한 죄인(罪人)인지를 망각한 채 은혜 타령만 하고 있다. 과정은 없고 결과만 있는, 그야말로 실체 없는 은혜에만 취해 있다. 그야말로 예수 그리스도의 피 흘림 없는 축제만 있다고 말할 수 있다.

둘째, "당신은 하나님의 걸작품!"이라는 슬로건이다.

창세기 1장 31절의 "하나님이 지으신 그 모든 것을 보시니 보시기에 심히 좋았더라"를 근거로 하는 듯하다. 하지만, 2장, 3장으로 가며 상황은 급반전된다. 우리는 "당신은 하나님의 걸작품!"이라는 말에 주의를 기울일 필요가 있다. 그것은 지금 당신이 걸작품이라는 말이 아니기 때문이다. 에덴동산에서 쫓겨났는데 걸작품이라고 하는 것이 말이나 되는가.

---

6 1데나리온은 로마제국의 은화로 노동자의 하루 품삯(일당)에 해당하고, 1달란트는 약 6,000데나리온, 즉 20년치 연봉에 해당한다.

하나님께서 우리 인간을 처음 만드셨을 때는 걸작품이 맞다. 그러나 그것이 더 이상 유효하지 않다는 의미이다. 정확히 표현하자면 찌그러지고 우그러진 걸작품이 되어 버렸다. 그것도 걸작품이라면 할 말은 없다.

내가 하고 싶은 이야기는 "당신은 하나님의 걸작품!"이라는 말을 그저 듣기 좋으라고 해서는 안 된다는 것이다. 그렇다면 진정성 없이 내뱉는, 밑도 끝도 없는 설탕물에 불과하기 때문이다.

인간이 정말 걸작품이라면 왜 하나님께서 굳이 예수님을 보내셔서 우리의 죄를 대속하기 위해 잔혹한 형벌을 당하게 하셨을까?

좋다. 예수님이 우그러진 인간을 원상 복구시켜 놓으셨다고 하자. 그래서 하는 말이다. 거기에는 "예수를 구세주(救世主)로 시인하면"이라는 단서가 붙는다는 것을 유념해야 한다. 이것이 비록 한때 우그러지기는 했었지만 걸작품이 될 수 있는 유일한 길이다. 그러한 존재를 '성도'라고 한다. 정확하게 말하면, '진정한 성도'라고 해야 할 것이다. 지금 시대는 아무나 성도라고 하기 때문이다. "당신은 하나님의 걸작품!"이라는 말이 위로가 될지는 모르겠지만, 걱정스러운 것은 당신은 아직 아닐 수도 있다는 사실이다.

셋째, "당신은 사랑받기 위해 태어난 사람"이라는 가사이다.

이 가사도 "당신은 하나님의 걸작품!"이라는 말과 그 의미가 비슷하다. 심리적으로 어려운 사람을 위로하려는 의도로 많이 불리고 있지만, 냉철하게 생각해 보면 문제가 있다. 사랑받기 위해 태어났다는 것은 그것이 마치 인생의 목적인 것처럼 오인(誤認)될 가능성이 있기 때문이다. 인생의 목적은 사랑받는 것도 아닐뿐더러 인간 자신이 목적이 될 수도 없다.

『성경 소요리문답』을 보면 "하나님을 영화롭게 하는 것과 영원토록 그를 즐거워하는 것"이 사람의 제일 되는 목적이라고 나와 있다. "사랑받기 위해 태어난 사람"에는 그런 의미가 없다. 사랑하기 위해 태어났다고 해도 문제가 있지만, 사랑받기 위해 태어났다는 것은 설탕물 중의 설탕물이다.

심리적으로 어려움이 있는 사람에게 치료 목적으로 사용할 수는 있겠지만, 정상적인 사람들이 노래하기에는 부적절하다. 꼭 하고 싶다면 "당신은 사랑하기 위해 태어난 사람"이라고 노래하기를 추천한다. 하나님을 사랑하고 이웃을 사랑하는 것은 예수님의 명령이니까 말이다(막 12:29-31).

마지막으로 언급하고 싶은 것은 '대표성의 원리'이다. 대표성의 원리란 한 사람이나 하나의 속성이 전체를 대표하는 것을 의미하는데, 상징적으로 나타나는 경우가 많다.

성경도 그런 관점에서 해석해야 전체적으로 올바로 이해할 수 있다. 대표적인 예가 아담의 원죄(原罪)[7]와 예수님의 속죄(贖罪)[8]이다. 아담 한 사람이 죄를 지음으로 온 인류가 죄인이 되었고, 예수님이 인류의 죄를 대신해 십자가에 못 박히심으로 온 인류가 의인이 되었다. 모두 한 사람에 의한 것이다. 이것이 대표성의 원리이다.

누가복음 18장 10-14절을 보면 〈바리새인과 세리의 기도〉 비유가 나온다. 우리는 은연중에 바리새인과 세리로 편을 가르는 습관이 있는데, 그 비유의 핵심은 우리는 모두 바리새인이라는 것이다. 바리새인이 아니라고 생각하는 사람이 사실 더 바리새인적이다.

그리고 우리가 이처럼 바리새인을 보고 반성도 해야겠지만, 그와 동시에 세리에게서도 배워야 한다. 그것이 이 비유

---

7 인류의 시조인 아담과 하와가 선악과를 따 먹은 죄 때문에 모든 인간이 날 때부터 가진 죄.
8 예수님이 인류의 죄를 대신해 십자가에 못 박힘으로써 죄를 씻어 주신 일.

가 주는 교훈이다. 바리새인의 언어는 종교 행위와 위선이고, 세리의 언어는 긍휼과 회개이다.

마가복음 8장 15절에 나오는 〈바리새인의 누룩〉 비유도 마찬가지다. 한국 교회는 흔히 하나님의 말씀대로 행하려고 애쓰는 사람은 바리새인 취급하고, "모든 것이 은혜"라며 이상한 행동을 하는 자기 자신은 정작 바리새인과 관계없는 것처럼 착각하는 경향이 있다. 그런데 사실은 우리 모두가 바리새인이라는 사실을 잊어서는 안 된다. 이것이 그 비유의 맥락이다. 우리는 '자기의'(自己義)라는 말로도 장난을 많이 치곤 하는데, 마찬가지다. 엉뚱한 사람에게 이 말로 뒤집어 씌우는 고약한 버릇이 있다.

요한복음 8장에 나오는 〈간음하다 잡힌 여자〉 이야기도 마찬가지다. 간음한 여자도 우리이고, 돌을 들고 치려는 무리도 우리이다. 앞서 언급한 〈바리새인과 세리의 기도〉 비유처럼 간음한 여자의 언어는 긍휼과 회개이고, 돌을 들고 그 여자를 치려고 한 무리의 언어는 종교 행위와 위선이다. 우리의 모습은 둘 중 어느 하나에 해당하는 것이 아니라 둘 다다.

성경을 통합적으로, 전체적으로 해석하는 것이 그래서 중요하다. 이것이 대표성의 원리이다. 자꾸 나누고 분리하다 보면 결정적인 오류에 빠지기 쉽다. 그것은 마치 입체적인 것을 단편적으로 이해하려는 것과 같다. 그런 측면에서의 이분법[9]은 확실히 불완전한 것이다.

모든 인간은 은혜와 긍휼의 대상임을 잊어서는 안 된다. 여기에는 예외가 없다. 창조주 하나님의 권위는 순종할 대상이지, 결코 타협하거나 저항할 대상이 아니다.

그래야만 하는가?

그래야만 한다![10]

하나님은 인간의 주인(主人)이시기 때문이다.

9　위의 예에서처럼 항상 두 편을 나누어서, 그중 한쪽 편에 서려는 경향.
10　베토벤의 〈현악 4중주 16번〉 4악장 첫 부분에는 〈괴로워하다가 간신히 굳힌 결심〉이라는 제목 아래 "그래야만 하는가?", "그래야만 한다"라는 문구가 있다.

나가는 글

인간은 "하나님이 없다"[1]라고 하면서 스스로가 대단하다고 착각하는 듯하다. 이는 자식이 아버지에게 반항하며 똑똑하다고 착각하는 것과 다르지 않다. 이러한 것을 결코 똑똑하다거나 용기 있다거나 대단하다고 하지 않는다. 이는 일탈일 뿐이다. 한때 저지를 수 있는 행동이다.

비행(非行) 청소년이 가출해서 온갖 불량한 행동을 하며 우쭐대는 것을 어찌 대단한 일이라 할 수 있겠는가!

---

1 "어리석은 자는 그의 마음에 이르기를 하나님이 없다 하는도다 그들은 부패하고 그 행실이 가증하니 선을 행하는 자가 없도다 여호와께서 하늘에서 인생을 굽어살피사 지각이 있어 하나님을 찾는 자가 있는가 보려 하신즉 다 치우쳐 함께 더러운 자가 되고 선을 행하는 자가 없으니 하나도 없도다"(시 14:1-3).

불쌍한 일이다. 부모를 거역하고 부정하는 것은 패륜아가 하는 짓이다.

포이어바흐, 다윈, 니체, 프로이트 등이 대표적인 패륜아[2]이다. 이제 이들을 따르며 비슷한 행동을 하는 인간이 역사를 이끌어 가는 시대가 되어 버렸다. 이제 그런 행동이 불량한 인간이 부끄러워하며 숨어서 하는 일탈이 아니라, 당당한 일상이 되어 버렸다. 교회도 예외는 아니다.[3] 그것이 내가 이 책을 쓸 수밖에 없는 이유이다.

사람들은 여전히 나를 융통성 없는, 답답한 인간이라고 비난할지 모르겠지만 그래도 좋다. 나는 성경만큼 설득력 있는 사상, 철학은 아직 보지 못했다. 성경만큼 모호하면서도 명확한 것 또한 보지 못했다.

성경은 인간의 모든 지식과 지혜를 초월한 책이다. 보이는 것으로 보이지 않는 것을 측정하려면 한계가 있을 수밖에 없다. 신비(神祕)는 그저 신비스러울 뿐이다. 그것을 잡으려는 순간 오류에 빠지게 된다. 그래서 겸손해야 한다. 자연과학과 인문학이 아무리 고상하다 하더라도 그것은 그저 지엽적

---

2 창조주를 부정한다는 측면에서.
3 성경을 믿는다고 하지만, 자의적으로 해석하고 적용하는 것이 문제다.

이고 단편적인 것에 불과하다. 그마저도 불완전한 것이 대부분이다. 이것이 내가 성경을 믿을 수밖에 없는 이유이다.

이제 이상한 행동을 그만하자!

이상하다고 하는 것은 링(ring, 경기장)을 벗어나는 것을 말한다. 그것은 페어플레이(fair play, 정정당당한 승부)가 아니다.

아무리 비상하고 창의적이라 하더라도 지켜야 할 것은 지켜야 한다. 물이 거꾸로 흐르는 것은 대단한 것이 아니다. 비정상적인 현상이다. 인간이 인간이기를 거부하고 신이 되려고 한다면, 이상한 신이 되는 것이다. 고아(孤兒)처럼 말이다.

인간은 참으로 겸손할 수도 없는 존재이다. 무소유(無所有)를 자랑하고, 무능(無能)을 자랑하니 말이다. 가진 것이 있고, 능력이 있는 사람은 더 말할 것도 없다. 인간이 자기 자신을 아는 것은 결코 쉬운 일이 아니다.

이쯤에서 한 가지 부언하고 싶은 것이 있다. 내가 "착한" 사람보다는 소신 있는 깡패가 더 낫다"라는 식의 표현을 여러 번 사용했는데—포이어바흐, 다윈, 니체, 프로이트 같은 사람도 그런 예가 되겠지만—소신 있는 깡패가 훌륭하다거

---

4 여기서 착하다는 것은 우유부단한 것을 의미한다.

나 옳다는 말은 결코 아니다. 그저 소신을 가지는 것이 출발점이 되어야 한다는 의미이다.

진정성도 마찬가지다. 진정성, 즉 진실은 진리가 아니다. 진정성이 목적은 아니라는 말이다. 진정성이 있어야 비로소 진리를 향한 첫걸음을 내디딜 수 있다는 의미이다.

만약 누군가가 창조주 하나님의 존재를 부정한다면, 그는 진정한 의미에서의 인간이라고 보기는 어려울 것이다. 인간이 되기에는 치명적인 결함을 가지고 있기 때문이다. 이는 마치 자동차가 자신을 움직이는 엔진의 존재를 부정하는 것과 같다. 엔진 없는 자동차는 자동차라고 할 수가 없다. 겉모양만 자동차일 뿐이다.

당신은 인간(人間)인가?

당신은 성도(聖徒)인가?

아무쪼록 이 책이, 희미하게나마 당신의 내면을 비추는 작은 거울이 되기를 기대한다.

인간의 내면을 탐구하는 CLC 도서

1. 내면 대폭발
이재근 지음 | 신국판 | 248면
타락한 자아가 어떻게 하나님을 되찾고 점차 회복되어 가는지를 탁월하게 설명한 책이다. 성경적인 이론 위에서 인간의 회복을 심리학적으로 설명했다.

2. 성경적 인간관계 세우기
윌리엄 베커스, 켄다스 베커스 지음 | 전요섭, 노철우 옮김 | 신국판 | 264면
저자는 인간관계를 뒤틀리게 하고 인격과 신앙을 병들게 하는 것이 어린 시절 경험한 상처와 왜곡된 사고방식이라고 말하고 성경적 인간관계를 세우자고 주장한다.

3. 신학적 관점에서 본 인간발달
제임스 E. 로더 지음 | 유명복 옮김 | 신국판 | 433면
심리학자이며 신학자인 저자가 인간발달에 주는 영(靈)의 영향력을 심오하고 통찰력 있게 해석했다. 세계와 인간의 관계, 하나님과 인간의 관계를 이해할 수 있게 한다.

4. 조나단 에드워즈의 인간의 본질과 그리스도인의 성화
최정규 지음 | 신국판 | 408면
전 세계의 기독교 신앙에 영향을 준 조나단 에드워즈(Jonathan Edwards, 1703- 1758)의 신학과 성경을 기초로 하여 성화론에 초점을 맞춘 인간의 본질에 관한 연구서이다.

5. 세속적 인간화와 성경적 새사람
김윤희, 김명혁, 김영한, 노영상, 이동주, 곽혜원 지음 | 신국판 | 212면
인간 누구도 인간 창조자가 될 수 없을 뿐만 아니라 새사람을 만들 수 없다. 모든 독자가 하나님께 돌아와 하나님 나라의 진정한 행복을 누리는 새사람이 되기를 권하는 책이다.

6. 악마, 스크루테이프가 말하는 인간의 생생한 민낯
김병제 지음 | 신국판 | 340면
C. S. 루이스의 『스크루테이프의 편지』에 나오는 인간의 모습을 살펴보고, 현대 사회에서 신앙과 도덕적 가치가 흔들리는 가운데서도 바르게 나아갈 방향을 제시한다.